ɛV reinhardt

Beiträge zur Frühförderung interdisziplinär – Band 8

Herausgegeben von Dr. Martin Thurmair
Arbeitsstelle Frühförderung Bayern
Seidlstr. 4, D-80335 München

Frühförderung planen, durchführen, evaluieren

von Manfred Pretis

Mit 28 Abbildungen und 21 Tabellen

2. Auflage

Ernst Reinhardt Verlag München Basel

Dr. phil. *Manfred Pretis*, Klinischer Psychologe und Integrationspädagoge, leitet die Unternehmensberatung „Sozial Innovatives Netz", Graz;
www.sinn-evaluation.de; office@sinn-evaluation.de

Titelfoto: Arbeitsstelle Frühförderung Bayern, Pädagogische Abteilung, München

Bibliografische Information der Deutschen Bibliothek

Die Deutsche Bibliothek verzeichnet diese Publikation in der Deutschen Nationalbibliografie; detaillierte bibliografische Daten sind im Internet über <http://dnb.ddb.de> abrufbar.
ISBN 3-497-01758-2
ISSN 0940-8967
2. Auflage

© 2005 by Ernst Reinhardt, GmbH & Co KG, Verlag, München

Dieses Werk, einschließlich aller seiner Teile, ist urheberrechtlich geschützt. Jede Verwertung außerhalb der engen Grenzen des Urheberrechtsgesetzes ist ohne schriftliche Zustimmung der Ernst Reinhardt GmbH & Co KG, München, unzulässig und strafbar. Das gilt insbesondere für Vervielfältigungen, Übersetzungen in andere Sprachen, Mikroverfilmungen und für die Einspeicherung und Verarbeitung in elektronischen Systemen.

Printed in Germany
Reihenkonzeption Umschlag: Oliver Linke, Augsburg
Satz: Fotosatz Reinhard Amann, Aichstetten
Druck und Bindung: Strauss GmbH, Mörlenbach

Ernst Reinhardt Verlag, Kemnatenstr. 46, D-80639 München
Net: www.reinhardt-verlag.de Mail: info@reinhardt-verlag.de

Inhalt

1	**Qualitätsdiskussion in der Frühförderung**	7
1.1	Zwischen Euphorie und Ernüchterung	7
1.2	Mythen der Qualitätsdiskussion	11
1.3	Der Prozess der Frühförderung als Weg und Ziel der Qualitätsdiskussion	13
2	**Frühförderung als pädagogisches Tun**	16
2.1	Was ist Frühförderung?	16
2.2	Ein reflektiertes Menschenbild als Handlungsleitfaden	19
2.3	Fragen als pädagogischer Zugang	22
2.4	Frühförderung als Pädagogik der Selbstgestaltung	24
2.5	Frühförderung braucht eine Ethik	25
2.6	Stellung beziehen	27
3	**Der Prozess der Frühförderung**	29
3.1	Partnerschaftlichkeit als Handlungsauftrag	29
3.2	Kommunikation und Unterstützung als hierarchisches Strukturmodell	35
4	**Die Eingangsphase: Kontakt und Beziehung**	39
4.1	Erstkontakt	39
4.1.1	Strukturbedingungen des Erstkontaktes	40
4.1.2	Prozessbedingungen	41
4.1.3	Das Ergebnis des Erstkontaktes	41
4.2	Erstgespräch	43
4.2.1	Strukturbedingungen der Erstgesprächssituation	46
4.2.2	Prozessbedingungen	47
4.2.3	Den Weg ebnen: das Ergebnis des Erstgesprächs	52
4.3	In Beziehung treten	54
4.3.1	Sicherheit als Strukturbedingung der Beziehungsarbeit	58
4.3.2	Der Prozess der Beziehungsarbeit	60
4.3.3	Gemeinsame Erwartungen als Ergebnis	63

5	**Förderdiagnostik**	67
5.1	Strukturbedingungen der Förderdiagnostik	71
5.2	Der Prozess der Förderdiagnostik	74
5.2.1	Ebenen der Förderdiagnostik	74
5.2.2	Methoden und Instrumente der Förderdiagnostik	76
5.2.3	Aus Ist wird Soll	78
5.2.4	Stufen der Förderdiagnostik	82
5.3	Das Ergebnis des förderdiagnostischen Prozesses	90
6	**Fördern, ohne zu überfordern**	94
6.1	Strukturbedingungen des Förderprozesses	103
6.2	Gemeinsam mit Kind, Familie und Team: Prozessbedingungen	105
6.2.1	Kindzentrierte Förderung	110
6.2.2	Elternarbeit	111
6.2.3	Transdisziplinäre Arbeit	115
6.2.4	Frühförderung am Beispiel von Kindern mit Hyperaktivität und Störungen der Impulskontrolle	116
6.3	Der Prozess als Ergebnis	118
7	**Reflexion und Abschluss der Frühförderung**	121
7.1	Reflexion	122
7.1.1	Den Reflexionsprozess vorbereiten	122
7.1.2	Der Prozess der Reflexion	125
7.1.3	Wie geht es weiter? Das Ergebnis des Reflexionsprozesses	128
7.2	Der Abschluss der Frühförderung	129
7.2.1	Den Abschluss strukturieren	129
7.2.2	Der Spezialfall „Abbruch"	132
7.2.3	Der Spezialfall „Tod des Kindes"	134
7.2.4	Sich verabschieden	135
7.3	Der Abschluss der Frühförderung: Offen sein für Neues	135
	Literatur	138

1 Qualitätsdiskussion in der Frühförderung

1.1 Zwischen Euphorie und Ernüchterung

In den letzten drei Jahrzehnten galt es, das System „Frühförderung" aufzubauen, Kinder und Eltern zu betreuen sowie das öffentliche Bewusstsein zu sensibilisieren. Annähernd 1000 Frühförderstellen, die in 25 Jahren im deutschen Sprachraum geschaffen wurden, zeugen vom enormen Engagement der Beteiligten: der Eltern, der Frühförderinnen, aber auch der Sozialpolitiker und Forscher, die diese Entwicklung ermöglichten. Aus dem Wunsch, in „unsere Kinder zu investieren" (Karoly et al. 1998), entstand ein flächendeckendes System der Betreuung von Kindern mit Entwicklungsrisiken. Dazu zählen Behinderung, Krankheit, Armut und drohende Verwahrlosung, aber auch Überbehütung und in immer stärkerem Maße „emotionale Wohlstandsverarmung". Diese frühe Hilfe betreut zurzeit europaweit 1 bis 2,4% von Kindern zwischen 0 und 6 Jahren (Pretis 2000a).

Die flächendeckende Versorgung durch Frühförderung darf im deutschen Sprachraum als größtenteils abgeschlossen angesehen werden. Es ist somit nicht zu erwarten, dass sich die frühe Hilfe in naher Zukunft strukturell ändert, wohl aber inhaltlich. Bis vor kurzem interessierten sich weder Sozialpolitiker noch Beamte oder Trägerorganisationen für die Qualität der geleisteten Arbeit. In den letzten 5 Jahren wurden durch den konjunkturbedingten sparsameren Umgang mit budgetären Mitteln Begriffe eingeführt, die bislang vornehmlich der Sprache der Betriebswirtschaft bzw. des Produktionsbereichs vorbehalten waren: „Qualitätsmanagement", „Evaluation", „Effizienz", „Qualitätsstandards", „ISO-Zertifizierung", „Kunden und Lieferanten", „Kundenzufriedenheit" u. a. werden zurzeit überall dort diskutiert, wo bis vor Kurzem „individueller Hilfebedarf", „Förderpläne", „Helfersysteme" oder die „Annahme der Behinderung" bedeutsam waren.

Sobald die wirtschaftlichen und finanziellen Einschränkungen in der Sozialpolitik sichtbar wurden, gewann die Beschäftigung mit Fragen der Wirksamkeit und Effizienz eine neue – für den einzelnen erlebbare – Bedeutung (Solomon 1984). In Deutschland und Österreich geschah dies im Vergleich zu den Vereinigten Staaten und Großbritannien mit einiger zeitlicher Verzögerung. Der Handlungsdruck, explodierende Sozialbudgets zu bremsen, stand dadurch viel stärker unter dem Aspekt der „Kontrolle" und der Verunsicherung. „Evaluierung" als magische Zauberformel eröffnete Hoffnungen, dass alles „besser" werden sollte: Frühförderung sollte objektivierbar(er), wirksam(er), günstig(er) und qualitätvoll(er) werden. Bisweilen ist das Bessere jedoch der Feind des Guten: Evaluierung begann schleichend die pädagogische Auseinandersetzung mit der Arbeit mit Kindern und Familien zu verdrängen.

Die Begriffe „Evaluation, Evaluierung, Evaluationsforschung, Erfolgskontrolle, Wirkanalysen, Qualitätssicherung" selbst werden teilweise gleichbedeutend verwendet, teilweise gegeneinander abgegrenzt (Spiegel 1993). Evaluation kennzeichnet (vermeintlich wertfrei) einen Bewertungsprozess auf einer beobachtbaren Basis. Mittels wissenschaftlicher Forschungsmethoden werden Daten gesammelt und analysiert. Diese ermöglichen die Einschätzung eines Sachverhaltes. Vornehmlich betraf dies bis vor Kurzem die Frage: „Wirkt Frühförderung, oder wirkt sie nicht?" Die Zielkriterien werden jedoch meist von außen definiert: Benötigen unsere Kinder weniger sonderpädagogische Unterstützung nach der Frühförderung, erreichen sie höhere Entwicklungsebenen, spart der Staat langfristig Gelder? Hier zeigt sich die Gefahr der vorschnellen Gleichsetzung von internen und externen Bewertungskriterien: Volkswirtschaftliche Rentabilität ist kaum ein Kriterium für eine Familie mit einem behinderten Kind. Lebensqualität, Entlastung der Familiensituation oder Autonomie sind möglicherweise wenig bedeutsame Aspekte für Entscheidungsträger. Sie würden es freilich nicht so aussprechen.

Evaluierung selbst ist nichts Neues: Jeder Vergleich eines Ausgangswertes mit einem angestrebten Zustand ist ein Bewertungsprozess: Ist das Badewasser warm genug, kann ich mir den nächsten Urlaub leisten? In der frühen Hilfe müssen solche simplen Ist-Soll-Vergleiche dringend um die Aspekte Prozess, Struktur und Konzept erweitert werden.

Prozessebene: Was tun wir in der frühen Hilfe und wie begründen wir dies?

Strukturebene: Verfügen wir über die notwendigen Mittel und Voraussetzungen?

Konzeptebene: Wie sehen wir den Menschen mit Behinderung?

Die Paradoxie einer „wertfreien" Bewertung verweist auf die Grundfrage jedes Evaluationsprozesses: Wer kann darüber bestimmen,

– welche Zielerreichungskriterien definiert werden?
– was mit den Ergebnissen geschieht?
– welche Schlussfolgerungen damit verbunden sind?

„Top-down" und „Bottom-up" heißt es im Fachjargon: Die Definition von Kriterien von oben „Top-down" ist nicht Evaluation, sondern Kontrolle. Nur „Bottom-up-Prozesse", in denen der einzelne mitbestimmen kann, verdienen das Prädikat „Evaluation". Dass in der Praxis auch externe Vorgaben, wie z. B. die Anzahl oder die Dauer von Fördereinheiten, berücksichtigt werden müssen, weil sie meist den Rahmen vorgeben, ist verständlich (siehe Tabelle 1).

Die Wertfreiheit des Evaluationsprozesses bezieht sich höchstens auf Begründungszusammenhänge, d. h. auf die angewandten Methoden (Fragebogen, Statistik) oder die Modelle, auf die zurückgegriffen wird. Entstehungs- und Verwendungszusammenhänge (Warum tue ich etwas und welchen Zweck verfolge ich?) sind nicht als *wertfrei* anzusehen. Sie werden immer von Interessen und Motiven geleitet, andernfalls erscheinen Evaluationsergebnisse „wertlos".

Üblicherweise dient Evaluation zur Bewertung der Hypothese, ob ein Programm das leistet, was es verspricht. Im Idealfall werden Evaluationsstudien als Entscheidungsgrundlage über die Wirkung sozialpolitischer Maßnahmen herangezogen. In Zeiten knapper werdender Ressourcen ist Evaluation meist Grundlage für finanzielle Entscheidungen: „Wo kann eingespart werden?"

In diesem Zusammenhang sei auf die Magie des Wortes „Evaluation/Qua-

Tabelle 1: Ebenen der Evaluation und Objektivität

Entstehungszusammenhang	Begründungszusammenhang	Verwendungszusammenhang
Warum evaluiere ich? Welche sind meine Motive?	Wie beschreibe und erkläre ich mein Tun?	Welche Schlussfolgerungen erlauben meine Ergebnisse?
Abhängig von jeweiligen Bedürfnisstrukturen des Auftraggebers: z. B. Ich möchte mehr über diese Arbeit erfahren. Ich möchte einsparen.	Abhängig vom jeweils anerkannten Wissenschaftsmodell (kausal-linear, systemisch, statistisch, wahrscheinlichkeitstheoretisch)	Abhängig von den Handlungszielen der Auftraggeber: wirksam/nicht wirksam; rentiert sich/rentiert sich nicht u. a.
Subjektivität der jeweiligen Motive	Objektivität der jeweiligen angewandten Methode und Theorie	Subjektivität der Verwendung der Ergebnisse

litätsmanagement" hingewiesen: Fragen der Qualitätssicherung wirken weniger belastend als Kontrolle. Sie sind „partizipativer" (mit mehr Mitgestaltungsmöglichkeit versehen) und „subjektorientierter" (jeden einzelnen betreffend). Evaluation und Kontrolle werden auf der subjektiven Ebene häufig jedoch ähnlich erlebt (Speck 1999). Nur die Mitbestimmung bei der Verwendung von Ergebnissen kann gewährleisten, dass sich die Mitarbeiter nicht kontrolliert fühlen, sondern sich als „Subjekte" des Evaluationsprozesses verstehen.

Evaluation stellt in der Frühförderung nichts Neues dar: Förderberichte, Supervision, Videodokumentationen, Gespräche mit den Eltern, Rückmeldungen, Fortbildungen der Mitarbeiterinnen, Nachweis der verwendeten Mittel u. a. sind gut eingeführte Maßnahmen. In den einzelnen Frühförderstellen wurden diese Prozesse meist nicht zum „Qualitätsmanagement" gerechnet. Es ist wichtig, dass das Selbstverständliche auch sprachlich benannt wird. Gleichzeitig ist ein Überhang der Evaluationsterminologie zu beobachten: Alles und überall wird evaluiert. Beim derzeitigen finanziellen und zeitlichen Aufwand für Qualitätsmanagementmaßnahmen (bis zu 20 Prozent der Arbeitzeit und bis zu 120.000 Euro für Zertifizierungen, Speck 1999) kann man sich schwer des Eindruckes erwehren, es handle sich bei der gegenwärtigen Euphorie um magisches Denken oder aber ausgeprägte Marktorientierung der Anbieter: Dann nämlich, wenn im „Qualitätszirkus" (Speck 1999) vorweg angenommen wird, dass der Einsatz von Qualitätssicherungsmaßnahmen gleichzeitig zur Steigerung der Qualität führt.

Worauf zielen Qualitätshandbücher, TQM-Maßnahmen (Total Quality Management) sowie ISO-Normen (ISO = Internationale Organisation für Normung) in der Frühförderung ab? Haben sie für die einzelne Frühförderin eine Bedeutung? Ja, insofern zurzeit übermäßig *über* das Produkt „Frühförderung" diskutiert wird: im Team, in Qualitätszirkeln, Steuergruppen u. a. Die Qualität der Auseinandersetzung *über* Frühförderung konnte dadurch intensiviert und verbessert werden: Es wird mehr *über* das eigene Handeln geredet. Die relevanten Geschäftspartner werden identifiziert, Organisationsstrukturen beschrieben, Leitbilder geschaffen, Prozessabläufe vereinheitlicht. Dass Leitbilder zu „Leidbildern" werden, darf aufgrund des Qualitätsgruppendruckes nur hinter vorgehaltener Hand ausgesprochen werden. Damit ist einerseits der hohe Arbeitsaufwand der Frühförderinnen gemeint, der bei der Erstellung von Konzepten meist finanziell gering honoriert wird, andererseits aber auch der Zweifel, ob sich diese Anstrengung auch lohnt. Ob die angewandten Methoden geeignet waren, die Qualität der Frühförderarbeit *in und mit* der Familie selbst zu verändern, bleibt fraglich.

Woran ist dies zu erkennen? Die Reaktionen in Fortbildungsseminaren für Qualitätsmanagement und Evaluation sind von Seiten der Fachkräfte alles andere als positiv: Evaluationsmüdigkeit macht sich breit und der Wunsch wird geäußert, endlich einmal wieder nur mit den Familien und Kindern arbeiten zu dürfen. Dahinter verbirgt sich der unausgesprochene Vorwurf, dass zwar Qualitätssicherung in beinahe allen Stellen gefordert wird, jedoch kaum zeitliche oder finanzielle Mittel dafür vorhanden sind. Qualitätsmanagement wird zur „forciert"-freiwilligen Leistung jeder Fachkraft: Hier ein Ausschuss, dort eine Arbeitsgruppe. Daneben äußern viele Fachkräfte noch immer Ratlosigkeit, wie sie denn den Prozess überhaupt messen könnten. Die Qualitätsdiskussion zeigte wenig konkrete Effekte für die betreuten Kinder und Eltern, wohl aber großen zeitlichen und administrativen Aufwand für die Tätigen.

Diese Einwände sollen den Sinngehalt einer Qualitätsdiskussion nicht generell bezweifeln. Wohl aber müssen zwei Aspekte deutlich hervorgehoben werden: Erstens ist Qualitätsmanagement in der Frühförderung keine von außen zu installierende Maßnahme. Jeder Austausch mit den Eltern oder mit anderen Helfern ist Qualitätsmanagement, da Sachverhalte eingeschätzt werden. Dies hat nichts mit externem TQM oder ISO-Normen zu tun. Werden Kommunikationsprozesse systematisch durchgeführt und von der Fachkraft gesteuert, dann ist dies ein wichtiger Beitrag, die eigene Qualität der Arbeit zu überprüfen. Das nachvollziehbare gemeinsame Tun auf der Basis von Kommunikation ist somit das Hauptkriterium der Qualität. Sie kann und sollte jedoch von Fremdevaluation begleitet werden.

Der zweite Aspekt ist die Warnung vor der Magie des Wortes „soziales Management" bzw. „Qualitätskontrolle". In der derzeitigen Diskussion droht der Qualität der Kommunikationsprozesse *über* das Produkt „Frühförderung" mehr Bedeutung zugemessen zu werden als der Arbeit in und mit der Familie. Damit wird nicht automatisch auch die Qualität dieser Arbeit (d. h. der Prozess der Frühförderung selbst) gehoben oder verbessert. Der Einsatz von Begriffen aus dem sozialen Management, sei es Leitbild, Kundenzufriedenheit, unternehmerische Strategie, Controlling u. a. erweitert den Blickwinkel auf soziale Maßnahmen. Dadurch ist soziale Arbeit über das Karitative hinaus eine Dienstleistung geworden. Dies hat wenig mit „Helfen" zu tun, sondern mit Professionalisierung und Effizienz: „Wie kann ich das, wozu ich befähigt bin, am besten einsetzen?" Dieses transparentere theoriegeleitete Handeln läuft zurzeit jedoch Gefahr, „ökonomisiert" und reduziert zu werden. Vielleicht hat das System „Frühförderung" aufgrund des Engagements in der Arbeit mit Kindern und Familien hier auch eine Entwicklung in den letzten Jahren „verschlafen".

1.2 Mythen der Qualitätsdiskussion

Die Verführung des Ökonomischen liegt in der leichten Operationalisierbarkeit (d. h. im Zuordnen von Maßzahlen zu Prozessen):

- Prozent der Zielereichung
- Anzahl der Betreuungsminuten
- Häufigkeiten der Inanspruchnahme
- Identifizierung der „Kunden"
- Kennwerte der unternehmerischen Strategien u. a.

Dabei zeigt sich, dass gerade in der Frühförderung nicht sosehr diese „harten" Daten mit der Wirksamkeit zusammenhängen. Vielmehr sind es Engagement und Interesse der Eltern, sich am Förderprozess zu beteiligen, die „Erfolg oder Misserfolg" eines Programms mitbestimmen.

Maßzahlen und die angenommene positive Besetzung der Begriffe produzieren Mythen des Qualitätsmanagements und versteckte Hoffnungen. Diese treiben zurzeit als unbedingt zu erreichende unternehmerische Ziele ihr Unwesen: „Auch wir müssen ein Qualitätshandbuch erstellen, evaluieren, sonst laufen wir Gefahr, am ‚Markt' von besser evaluierenden Institutionen überrannt zu werden." Besser evaluierend ist jedoch nicht mit besser „arbeitend" gleichzusetzen. Hoffnungen binden Energien und verschleiern harte Grundannahmen des Managements: die optimale Ausnutzung von Ressourcen zur Gewinnmaximierung.

Hoffnung 1: Qualitätskontrolle kann soziale Leistungen besser und billiger machen. Diese Annahme entstammt aus dem Produktionsbereich von Massenartikeln: Je mehr, desto billiger. Frühförderung ist jedoch dort am effizientesten, wo individuell auf die Bedürfnisse der „Kunden" eingegangen wird (Guralnick 1997). „Massenware" Frühförderung wird zwar billiger, nicht jedoch wirksamer.

Hoffnung 2: Je besser die Ressourcen des Arbeitsmarktes erfasst werden, desto besser können sie genutzt werden: Indem Bildungsbudgets schrittweise eingeschränkt und weitere Ressourcen *in den Mitarbeitern* gesucht werden, bewegt sich soziale Arbeit in Richtung Ausbeutung und Preisdumping. Die geplanten Betreuungsschecks für Menschen mit Behinderung werden diese Dynamik nochmals verstärken. Mit Hilfe der Betreuungsschecks sollen Menschen mit Behinderung nicht soziale Dienstleistungen, sondern definierte zweckgebundene finanzielle Mittel erhalten, über die sie verfügen können. Derartige Pilotversuche werden bereits durchgeführt. Menschen mit Behinderung sollen sich etwas leisten können (Fröhlich 2000). Dahinter verbirgt sich die Annahme, dass nur ein Mensch, der sich etwas leisten kann, ein anerkanntes Gesellschaftsmitglied ist. Gleichzeitig droht die Gefahr, dass die Kunden nicht den besten, sondern den billigsten oder werbestrategisch effizientesten Anbieter sozialer Arbeit wählen.

Ich warne vor gegenwärtigen Tendenzen, die Ressourcenfrage alleinig durch eine bessere Ausschöpfung der „vorhandenen Möglichkeiten" zu lösen. Schon die kurzen Verweilzeiten im Berufsfeld zeigen, dass die Fachkräfte am Limit ihrer Ressourcenausnutzung sind. Die Diskussion der Ausnutzung von vorhandenen

Ressourcen verdeckt die Notwendigkeit, generell die Anforderungen z. B. an Ausbildung oder an begleitende Dienste zu diskutieren.

Hoffnung 3: Qualitätsmanagement erhöht die Kunden- und Produktzufriedenheit. Paradoxerweise ist das Produkt Frühförderung dann gut, wenn es sich selbst „wegrationalisiert". Dieser Aspekt widerspricht jedoch der Tendenz jedes Systems (dazu zählt auch die Frühförderung), prinzipiell stabile Bedingungen für sich selbst zu gestalten. In der Frühförderung ist „Kundenzufriedenheit" meist dann erreicht, wenn das Kind eben diese Intervention nicht mehr benötigt oder wenn Fachkräfte genau das tun, was Eltern von ihnen erwarten. Der erste Aspekt droht im Widerspruch mit eigenen ökonomischen Interessen der Fachkräfte zu stehen, der zweite möglicherweise mit pädagogischen Zielen.

Hoffnung 4: Strukturierte Qualitätsmanagementsysteme – vornehmlich aus dem Produktionsbereich – sind in der Lage, Erfassungsinstrumente für den Sozialbereich bereitzustellen. Somit wird der Anschein erweckt, soziale Arbeit könne mittels objektiver Mittel gemessen werden: Die Art und Quantität des Handelns kann leicht erfasst werden, nicht jedoch deren Bewertung oder Bedeutung für die Familie, da es sich vornehmlich um Austauschprozesse handelt. Eine objektive Erfassung führt somit zu nicht-aussagekräftigen Ergebnissen.

Hoffnung 5: Qualitätsmanagement befördert jede Heilpädagogin zur sozialen Managerin, die verantwortlich für ihren Qualitätsprozess ist. Dies hebt Eigenverantwortung sowie Mitbestimmung und entlässt Sozialpolitik und Trägerorganisationen als Unternehmer aus ihrer Verantwortlichkeit.

Hoffnung 6: Die wohl pädagogisch gefährlichste Hoffnung einer formalisierten Qualitätsmanagementdiskussion betrifft die unterschiedlichen Menschenbildannahmen: Managementstrategien gehen von rationalen Entscheidungen mündiger „Konsumenten" aus: Sei es zur Befriedigung vorhandener oder zur Schaffung neuer Bedürfnisse. Sozialarbeit im Allgemeinen und Frühförderung im Speziellen kommt mit Menschen in Kontakt, die sich bisweilen in emotionalen Notlagen befinden. Die rationalen Entscheidungsstrategien dieser Menschen sind bei der Geburt/Erziehung eines Kindes mit besonderen Bedürfnissen bzw. erhöhtem Hilfebedarf massiv in Frage gestellt. Letztendliches Bedürfnis dieser „Konsumenten" sozialer Dienstleistungen ist es, dass die Voraussetzungen für die Inanspruchnahme des Service wegfallen: „Mein Kind soll Hilfen zur Erziehung nicht mehr benötigen." Im Gegensatz zur marktwirtschaftlich orientierten Produktionswelt muss das fortwährende Ziel sozialer Arbeit sein, nicht mehr benötigt zu werden. Diese drohende „Selbstauflösung" gefährdet unternehmerische und persönliche Planungsprozesse jedoch massiv: „Wie viele Kinder werde ich im Herbst fördern, wenn viele in die Schule kommen? Wie sieht meine Einkommenssituation dann aus?" Der Wunsch ist verständlich, das wenig Kontrollierbare mittels Formalismen und Maßzahlen vorhersehbar zu machen.

Das erklärt auch den Versuch, wenigstens externe (Rahmen-)Kriterien und Managementstrategien zu definieren, um die Verfahrensqualität der Frühförderung zu gewährleisten: „Wie gestalten wir unsere Öffentlichkeitsarbeit, wie vermitteln wir die Qualität unserer Arbeit, welche Managementstrategien verfolgen wir?" Gleichzeitig verhinderte dieser Qualitätssicherungsprozess bislang deutlich eine Auseinandersetzung mit den internen Abläufen der Frühförderung. Gemeint sind damit jene sehr individuellen und interaktiven Prozesse *in und mit* der Familie, die Frühförderung und Familienbegleitung darstellen. Dies geschah auch, weil – im Gegensatz zu den inhaltlichen Aspekten der Frühförderung – die verwendeten Begriffe (Kunde, Lieferant, Produkt, Serviceleistender) relativ leicht mit Zahlen zu belegen waren.

1.3 Der Prozess der Frühförderung als Weg und Ziel der Qualitätsdiskussion

Ziel dieses Buches ist eine Rückbesinnung auf eine prozessorientierte Beschreibung der Frühförderung selbst: Wie können wir auf der Basis von Austauschprozessen mit unseren Partnern Familie, Kind und Team die gemeinsame Arbeit beschreiben und in theoriegeleitete Zusammenhänge setzen? Damit dient es vornehmlich der Selbstevaluation. Das eigene Handeln wird in Beziehung zu individuellen Zielen gesetzt, die gemeinsam erarbeitet, beobachtbar, theoretisch fundiert und nachvollziehbar sind. Dies darf als Erweiterung der verfahrensorientierten Evaluationsbemühungen (Qualitätshandbücher u. a.) angesehen werden.

Frühförderung ist „sinnstiftendes" Handeln, da wir von Ideen und Zielen ausgehen, die über die jeweilige Übung, das jeweilige Gespräch hinausgehen. Der Prozess der Frühförderung muss somit in übergeordnete Interpretationsrahmen eingebettet werden: in unsere Werte und Bilder, die wir über die konkrete Förderung gemeinsam mit dem Kind und der Familie verfolgen, in eine „Philosophie" der Frühförderung (Abbildung 1). Diese Diskussion ist schwieriger mit Maßzahlen zu belegen, da sie über das jeweilige theoretische Wissen auch sehr persönliche Werthaltungen und Fähigkeiten betrifft: z. B. Zivilcourage, Stellungnahme, Kommunikation. Darin liegt die Gefahr der Ökonomisierung, dass eben diese Aspekte vernachlässigt werden und Frühförderung zum Produkt wird.

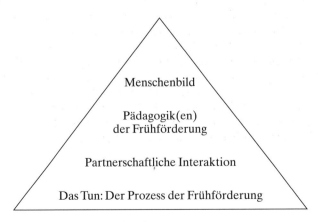

Abbildung 1: Ebenen der Prozessbeschreibung

Ausgangspunkt der Analyse ist die Frage nach Menschenbildern und nach einer Pädagogik der „Frühförderung" selbst: Welches Menschenbild leitet Frühförderung und welche Handlungsaufforderungen ergeben sich daraus? Die weitere Prozessbeschreibung folgt einem chronologischen Modell vom Erstkontakt bis hin zur Beendigung der Förderarbeit. In jedem Teilschritt besteht die Möglichkeit der Rückkoppelung: Weiß ich genug? Erlebe ich eine tragfähige Arbeitsbeziehung? Stimmen meine Begründungen? Verfüge ich über die adäquaten Mittel? Frühförderung wird als gemeinsame Interaktion in sinnvollen Handlungszusammenhängen verstanden: sei dies im Erstkontakt, in der Förderdiagnostik, der Reflexion oder im Abschluss.

(Selbst-)Evaluation ist somit eine Methode, die Transparenz meiner Kommunikation und meines Handelns in und mit der Familie zu überprüfen. Sie ist großteils Metakommunikation (Kommunikation über Kommunikation). Qualität der Arbeit erreiche ich im Prozess dann, wenn meine eigene Position in jedem Schritt reflektiert und kommuniziert werden kann, jedoch nicht unbedingt muss. Die Betonung liegt auf dem Wörtchen „kann": Eine Fachkraft stellte in der Supervision die Frage, ob sie fortwährend mit der Kindesmutter den Förderprozess reflektieren müsse. Dies würde die Arbeit mit dem Kind behindern. Die Reflexionsmöglichkeit sollte prinzipiell gegeben sein. Frühe Hilfe arbeitet glücklicherweise auch mit Intuition, Spontaneität und Lust. Metakommunikation ist *nicht immer* gefordert, da sie zwischenmenschlichen Austausch auf anderen Ebenen auch behindern kann.

Lösungen finden nicht im Kopf statt, sondern in der Auseinandersetzung mit dem Kind, der Familie, dem transdisziplinären Team oder anderen Unterstützungsstrukturen. Die Frage „Wie kann ich über meine Position im Prozess der Frühförderung kommunizieren?" soll den Leitfaden dieses Buches darstellen. Am Ende jedes Kapitels finden sich dazu Fragen zur Selbstevaluation (siehe z. B. Seite 15).

In Anlehnung an Peterander (1996a) wird bei jedem Prozessschritt eine Differenzierung in Struktur-, Prozess- und Ergebnisaspekte vorgenommen. Evaluation ist auf jeder dieser drei Ebenen möglich und notwendig. Springen wir nicht auf den Zug alleiniger Ergebnisevaluation mit der Frage „Wirkt es oder wirkt es nicht?" Dies birgt die Gefahr einer Wertdiskussion, vor allem bei der Förderung von Kindern mit schwersten Behinderungen. Eine differenzierte Betrachtung des Prozesses selbst schließt ein, welche Gültigkeit Evaluationskriterien für wen haben: Sind meine Ziele auch jene der Eltern oder des begleitenden Dienstes? Nicht zu vergessen die Frage, ob wir überhaupt über die nötigen Mittel verfügen, die Arbeit qualitativ hochwertig zu gestalten oder zu messen. Somit werden Evaluation und Qualitätsmanagement in der frühen Hilfe zu multidimensionalen Austauschprozessen, die im konkreten Ablauf der Arbeit selbst stattfinden. Gerade in der frühen Hilfe ist hauptsächlich der gemeinsame Weg das Ziel.

Fragen der Selbstevaluation 1:

a) Gestalte ich als „Subjekt" des Evaluationsprozesses alle Phasen des Prozesses mit?

b) Wie viel Zeit und Energie bin ich bereit, in Fragen des Qualitätsmanagements zu investieren, wie viel Zeit und Energie werden gefordert und auch abgegolten?

c) Welche Mythen und versteckten Hoffnungen, aber auch Ängste verbergen sich für mich persönlich hinter den Begriffen „Qualitätsmanagement" oder „Evaluation"?

d) Welche Begriffe verwende ich zurzeit hinsichtlich Fragen des „Qualitätsmanagements". Welche inhaltlichen Aspekte schließe ich dadurch aus?

e) Gibt es eine Auseinandersetzung über die notwendigen Strukturbedingungen von Evaluation in meiner Institution?

f) Welchen Stellenwert hat für mich persönlich die Unterscheidung zwischen Prozess- und Ergebnisevaluation?

g) Welche „Tabu"-Bereiche der Evaluation beobachte ich?

2 Frühförderung als pädagogisches Tun

2.1 Was ist Frühförderung?

„Was ist Frühförderung? Was unterscheidet mein Handeln als Frühförderin von meiner Grundausbildung als Pädagogin, Kindergärtnerin, Physiotherapeutin, Sonderschullehrerin?" Die am häufigsten gestellte Frage in Ausbildungskursen für Frühförderinnen ist jene nach der „Identifikation mit der Frühförderung" bzw. der Definition dieser Tätigkeit. Diese Frage taucht auch in der Arbeit in den Familien auf: „Was unterscheidet Frühförderung vom gemeinsamen ‚Eltern-Kind-Spiel', von einzelnen Therapien?" Auch wenn die beruflichen Zugangsvoraussetzungen in Europa recht unterschiedlich geregelt sind, erscheint der Weg der Ausschlussdefinition (ich bin *keine* Lehrerin, ich bin *nicht nur* Krankengymnastin, ich bin *nicht nur* Sozialpädagogin...) wenig zielführend.

Der spezifische Aspekt der frühen pädagogischen Arbeit wird dabei zu wenig hervorgehoben. Im Gegensatz zu therapeutischen Angeboten, deren Ziel die Behandlung von Erkrankungen und von falschen Bewegungsmustern ist, zielt die pädagogische Frühförderung auf die Begleitung des Kindes und der Eltern: Das Kind selbst bzw. die Eltern sollen mit ihren eigenen Fähigkeiten und Möglichkeiten selbst- und fremdformulierte Ziele erreichen. Frühförderung besitzt hier eine Steigbügel- oder Katalysatorfunktion. Dies schließt weitere therapeutische Maßnahmen nicht aus, konzentriert sich jedoch vornehmlich auf die Förderung von Kompetenzen des Kindes und der Eltern:

- in Kontakt treten zu können mit der Umwelt,
- eigene Wünsche und Bedürfnisse formulieren zu können,
- sinnvoll handeln und die Welt gestalten,
- dort Hilfe zu organisieren, wo aufgrund vorhandener Einschränkungen Behinderung droht.

Einzelne wissenschaftliche Definitionsversuche von „Frühförderung" lassen deutliche Unterschiede in Inhalt oder Organisation erkennen. Um nur einige Beispiele zu nennen: Früherkennung, Frühtherapie, Früherziehung, mobile Hausfrühförderung, frühe soziale Integration.

Als minimaler Konsens und Grundlage dieses Buches darf auf europäischer Ebene das „Manifest" der EURLYAID-Gruppe (1996) angesehen werden:

> „Frühhilfe richtet sich an Kinder mit einem Entwicklungsrisiko oder einer Entwicklungsstörung. Sie bezieht sich auf den Zeitraum zwischen der vorgeburtlichen Diagnose und dem schulpflichtigen Alter des Kindes. Sie umfasst den gesamten Prozess von frühestmöglicher Erkennung und Untersuchung bis zu dem Moment der Betreuung und der Begleitung. (...) Frühhilfe kann als jede gezielte Behandlungs- und Begleitaktivität definiert werden, die unmittelbar nach Erkennung des Entwicklungsproblems eingesetzt wird. Frühhilfe betrifft sowohl das Kind als auch die Eltern, die Familie und das Umfeld."

Versuchen Sie jedoch einmal bei einem Erstgespräch diese Definition ihrer Tätigkeit den Eltern zu geben! Es ist für mich als begleitenden Psychologen immer wieder erstaunlich, wie Eltern Frühförderung für sich definieren und wie unklar die berufliche Definition bleibt: Frühförderinnen spielen mit den Kindern, bieten Vorschulprogramme, trainieren, therapieren u. a.

Der Weg der eigenen beruflichen Definition und auch der Zielformulierung in der Frühförderung kann nur ein positiver sein. Er beginnt bei der eigenen Identifikation: Ich bin Frühförderin und verstehe meine Arbeit als pädagogische Entwicklungsförderung des Kindes, Gesprächsmöglichkeit für die Familie u. a., um nur einige Beispiele zu nennen. Die Unterschiedlichkeit der Zugänge in Europa gestaltet den Weg zur beruflichen Identifikation jedoch recht steinig. Ein einheitliches Berufsbild oder die Definition von Mindeststandards der Qualifizierung könnten hier hilfreich sein. In Fortbildungsseminaren bezeichnen sich die Fachkräfte häufig mit ihrer Grundausbildung und dem Nachsatz, dass sie in der frühen Hilfe arbeiten. Die Berufsidentifikation beginnt bei einer einheitlichen Qualifizierung, institutionellen Definitionen (Was verstehen wir als Frühförderung in unserer Trägerorganisation?) und letztendlich berufspolitischer Verankerung (siehe Berufsbild der Berufsgemeinschaft 1998).

Was sind die spezifischen beruflichen Herausforderungen in der Frühförderung (Peterander 1996b)?

a) Die Arbeit in und mit der Familie: Da die Fachkräfte vornehmlich in den Familien arbeiten, verfügen sie nur über eingeschränkten institutionellen Rückhalt. In der konkreten Fördersituation haben sie kaum die Möglichkeit, einen Teamkollegen zu konsultieren und müssen vor allem in Krisensituationen – in ihren Augen weitreichende – Entscheidungen treffen.
b) Die Komplexität der Beziehungsangebote und Deutungsstrukturen: Was bin ich für das Kind, die Mutter, den Vater, die Geschwister, die Großeltern? Wie definiere ich mich selbst in der Familie?
c) Die Komplexität der Information und Intervention, sei es im heilpädagogischen, psychologischen oder medizinischen Bereich: Da die Kinder ganzheitlich auf verschiedenen Ebenen gefördert werden, liegt der Hauptschwerpunkt der Arbeit in der Integration von Information: Was bedeutet die Diagnose Down-Syndrom für dieses spezifische Kind in dieser Familie? Wie schätzen andere Fachleute dies ein?
d) Der Fokus auf die natürliche Umwelt des Kindes/der Familie und seine Sinnzusammenhänge: Dies erfordert in hohem Maße individuelles Arbeiten und verhindert den Rückgriff auf gesicherte Strategien (Patentrezepte).
e) Die vertrauensvolle kontinuierliche Begleitung, die in hohem Maße Selbstreflexivität erfordert: Dies kann in einer Familie die Funktion der „guten Freundin", in einer anderen jene des „Kontrollorgans des Jugendamtes" bedeuten.

Fehlende spezifische Ausbildungsmöglichkeiten behindern diesen Prozess der beruflichen Identitätsfindung. Letztendlich muss jede Frühförderin dies für sich selbst beantworten, denn bei jedem Beginn eines Förderprozesses in einer Familie wird dieselbe Frage wieder bedeutsam: „Was ist Frühförderung?"

Mögliche Definitionen müssen in eine Pädagogik der frühen Förderung eingebettet werden. Es geht dabei um „Konzeptqualität" (Nüssle 1999), die den Interpretationsrahmen für mein Handeln bietet: Es ist ein Unterschied, ob ich

a) „Kunden betreue": Diese haben Bedürfnisse.
b) „Patienten behandle": Diese leiden.
c) „Symptome therapiere": Diese stören oder beeinträchtigen.
d) „Familien begleite": Diese weisen mir den Weg, und ich unterstütze vorhandene Ressourcen.

Behinderung als besonderer Daseinszustand (Neuhäuser 1998) bedarf nicht primär der Therapie, sondern der Wahrnehmung des Individuums als Mensch. Dadurch wird nicht das Trennende (die Behinderung) hervorgehoben, sondern das Verbindende: die Fähigkeit zu fühlen, in Kontakt zu treten, die Welt aktiv zu gestalten. Darin liegt die Herausforderung einer Pädagogik der Frühförderung: Kinder nicht mit ihren Defiziten zu sehen, sondern ihre Kompetenzen zu fördern. Dies ist auch der meisterwähnte Unterschied zu therapeutischen Modellen. Je mehr wir „Reparaturmodellen" des Förderns folgen, desto schwieriger erscheint es, Frühförderung als Hilfe zur Selbsthilfe zu verstehen. Reparaturmodelle sind sowohl von den anzuwendenden therapeutischen Methoden als auch aus wissenschaftstheoretischer Sicht einfacher:

a) Ein Defizit ist zu beobachten.
b) Der Funktionsausfall kann beschrieben werden.
c) Mittels anerkannter Methoden, die mit Defizit und Ausfall in Verbindung stehen, können Einschränkungen kompensiert oder Defizite repariert werden.

Wissenschaftstheoretischer Exkurs:
Für die Medizin, Psychologie sowie therapeutische Methoden erschien „Normabweichung" (z. B. im Bereich der Behinderung meist als Defizit angesehen) bislang relativ einfach interpretierbar: Es gab Phänomene, die beobachtbar und beschreibbar waren und die mittels anerkannter Erklärungsmodelle begründet wurden. Menschen mit Down-Syndrom z. B. galten aufgrund ihrer Chromosomenaberration als geistig behindert. Die verminderten intellektuellen Fähigkeiten (IQ) wurden als Erklärung für die verminderte Lernfähigkeit herangezogen. Somit waren erhöhte sonderpädagogische Maßnahmen, z. B. erhöhte Stimulation, notwendig. Lerntheoretisch führte dies gerade bei Menschen mit Down-Syndrom zu „erlernter Hilflosigkeit" und geringer Motivation: „Ich muss mich nicht anstrengen, denn alles wird mir direktiv vorgegeben bzw. es werden mir kaum Möglichkeiten geboten, etwas selbst zu tun." Bisweilen habe ich den Eindruck, dass dadurch der Aspekt der „geistigen Behinderung" gefördert wurde. Reparaturmodelle motivieren Menschen nicht, die Welt mit ihren Mitteln zu gestalten. Sie motivieren Menschen zu warten, bis Helfer die geeigneten Kompensationen einsetzen. Gleichzeitig vermitteln sie dem Menschen mit Behinderung, dass mit ihm etwas nicht in Ordnung sei.

Gerade die Frühförderung konnte wie keine andere Disziplin zeigen, dass kausale Erklärungsmodelle (wenn-dann) kaum in der Lage sind, Entwicklung zu erklären oder kontrollierbar zu machen. Frühförderung ist das, was das Kind bzw. die Familie daraus macht. Jeder Prozess ist somit vornehmlich individuell und von den Möglichkeiten des Individuums abhängig, nicht von den angewandten Methoden. Eine Methode, die für eine Familie gilt, mag für eine andere völlig unangebracht sein.

2.2 Ein reflektiertes Menschenbild als Handlungsleitfaden

Die Pädagogik ist eine Handlungs- und Wertwissenschaft, da das gemeinsame Handeln mit Menschen „wert(be)haft(et)" und rückbezüglich ist. Eine Pädagogik, die das Kind oder die Familie als zu verändernde Einheit sieht, ohne dass ich als Pädagoge selbst verändert werde, ist rein mechanisches Handeln. Frühförderung ist ein gemeinsamer Konstruktionsprozess der beteiligten Personen. Dadurch war sie in ihrer Geschichte kaum im Stande, sich auf die Einfachheit von Modellen zu berufen. Auch wenn dies in übungsorientierten Modellen gerade am Beginn durchaus versucht wurde (vgl. amerikanische Headstart-Programme, verschiedene frühe Ansätze im kritischen Überblick z. B. bei Karoly et al. 1998 und Guralnick 1997).

Die in anderen Wissenschaftsdisziplinen entdeckte „neue Komplexität", verborgen hinter den Schlagworten „biopsychosozial", „holistisch" oder „multidimensional" stellt in der Pädagogik nichts Neues dar. Sie wird jedoch erstmals wenigstens als diskussionswürdig bewertet. Bislang waren diese Begriffe gleichbedeutend mit „unwissenschaftlich" oder „nicht messbar". Doch die Hoffnung, dass die neue Begrifflichkeit (z. B. Ganzheitlichkeit), die in der Arbeit mit Kindern mit Behinderung häufig gestellte Frage nach dem richtigen Weg oder der allheilenden Methode eindeutig beantworten könne, bleibt unerfüllt. Zum derzeitigen Erkenntnisstand können nur „Wundermittel" und „Heilslehren" die Entwicklung der Kinder voraussagen: Namen für „Therapien" sind Schall und Rauch, nicht jedoch das ökonomische Spiel mit den Hoffnungen der Eltern (Wilken 1999). Behinderung als besonderer Daseinszustand bedarf der Beziehung und der Begleitung. Eines sei vorweggenommen: Jede Diskussion theoretischer Modelle ist nur dann für den einzelnen gewinnbringend, wenn damit konkret erlebbare positive Konsequenzen verbunden sind: größere Handlungskompetenz, Sicherheit, Zufriedenheit. Frühe Heilpädagogik muss somit auf der Handlungsebene beobachtbar sein. Aufgrund der komplexen Handlungsstrukturen, sei es mit dem Kind, den Geschwistern, der Kernfamilie, den Nachbarn, dem transdisziplinären Team usw. wird auch nicht *ein* theoretischer Ansatz ausreichend sein, diese Komplexität zu reduzieren bzw. eindeutige Handlungsanforderungen zu bestimmen.

Theorien der Frühförderung sind eingebettet in jeweilige Annahmen über die Kindheit und über das Menschenbild einer Generation (Tabelle 2). Allein im 20. Jahrhundert sind einige Strömungen zu erkennen, die letztendlich alle in die frühe pädagogische Förderung einfließen.

Gibt es die „Pädagogik" der Frühförderung? Natürlich nicht in der Eindeutigkeit, dass daraus kausallogische „Wenn-dann"-Handlungsschritte abzuleiten sind. Dies wird in Ausbildungsseminaren und auch von Eltern in Form von Patentrezepten immer wieder gewünscht. Klare Handlungsanweisungen stoßen gerade in der frühen Heilpädagogik an die Grenzen ihrer Übertragbarkeit (Petermann et al. 1998):

– Das Verhalten eines Kindes hat nur im sozialen Zusammenhang Sinn: Bei einem Kind angewandte Methoden der Förderung oder Elternbegleitung mögen für ein anderes eine völlig andere Bedeutung haben. Kindesentwicklung und Elternunterstützung müssen somit immer in sinngebenden Handlungszusammenhängen gesehen werden.

Tabelle 2: Das Bild des Kindes in unterschiedlichen Ansätzen

Das Bild des Kindes	Theoriegebäude und Ziele	Hauptvertreter (Auswahl)	Frage für die Frühförderung
Das bedürftige Kind: „Der Mensch als Mangelwesen"	Psychoanalyse, Bindungstheorie: Frühförderung als Kompensation	S. Freud, A. Freud, Maslow, Spitz, Bowlby, Ainsworth, Prekop	Wie nehme ich die Bedürfnisse des Kindes wahr, wie gelingt es mir, diese mit meinen Interventionsmethoden zu befriedigen?
Das lernfähige Kind: „Der Mensch als Reagierender"	Lerntheorie, Verhaltensmodifikation: Frühförderung als Schaffung von Lernbedingungen	Skinner, Kanfer, Petermann	Welche Lernprinzipien nehme ich beim Kind wahr, wie verändere ich Verhalten?
Das Kind im System: „Der Mensch als Teil des Ganzen"	Systemtheorie, ökologisch-systemische Frühförderung als Systemverstörung	Bronfenbrenner, Satir, Speck	Wie kann ich durch mein Handeln Systemregeln verändern?
Das sich selbst stärkende, eigenaktive Kind: „Der Mensch als Gestaltender"	Selbstorganisation, Empowerment: Frühförderung als Impuls zur Autonomie und Gestaltungsfähigkeit	Montessori, Wild, Rappaport	Wie gewährleiste ich, dass sich das Kind als Handelnder erlebt, wie mobilisiere ich Kräfte?

– Jedes kindliche Verhalten verfolgt Ziele, die mit unterschiedlichen Mitteln erreicht werden können: Ein Kind mag lautieren, um die gewünschte Lieblingsspeise zu erhalten; ein anderes solange nichts essen, bis es sein Ziel erreicht hat; ein drittes selbst in die Küche gehen; ein viertes die Großeltern bitten. Die angewandten Mittel sind zwar entwicklungsabhängig, aber in ihrem Einsatz jeweils einzigartig. Meist fällt es uns als Erwachsene schwer, eben diese Kreativität der Zielerreichung zu akzeptieren.
– Kinder (mit Behinderung) sind zu jedem Zeitpunkt ihrer Entwicklung in der Lage, ihre Umwelt aktiv zu gestalten. Menschen reagieren nicht nur passiv auf ihre Entwicklungsumwelten, sondern verfolgen ab frühesten Entwicklungsstadien zielgerichtet Gestaltungsprozesse. Sie sind „Baumeister" ihrer Entwicklung (Kautter et al. 1992). Als Pädagogen ist es unsere Aufgabe, passende Materialien zur Verfügung zu stellen und dort zu unterstützen, wo unsere Hilfe gewünscht wird.
– Gleichzeitig kann ein und dasselbe Verhalten auch unterschiedliche Ziele verfolgen. Dies erfordert vom Pädagogen eine Differenzierung von Mitteln und Zwecken: Welches Verhalten setze ich ein, um welches Ziel zu erreichen? Mittels Stereotypien mögen sich Kinder vor Über- oder Unterforderung schützen.

Oder aber die wiederholenden Verhaltensweisen sind die einzig verbleibende Möglichkeit einer Eigenaktivität. Grundsätzlich darf davon ausgegangen werden, dass jedes Kind mit seinem Verhalten ein für sich positives Ziel erreichen will. Auch wenn wir als Erwachsene dies gerade bei herausforderndem oder sehr „kreativem" Verhalten nicht immer positiv bewerten.

Wo ist eine Pädagogik der Frühförderung beheimatet? Auf universitärer Ebene wurde der frühen Heilpädagogik kaum Interesse geschenkt. Dies mag einerseits mit geringem Lobbying, aber auch mit methodologischen Schwierigkeiten und unklaren Zuständigkeiten zusammenhängen. Auf manchen fachspezifischen Kongressen wird der Eindruck vermittelt, Heilpädagogik beginne mit dem Eintritt in Systeme institutioneller Erziehung, d. h. mit dem Kindergartenalter.

Die Frühförderstellen selbst haben für die Beschäftigung mit theoretischen Fragen kaum Zeit und Ressourcen und wünschen sich häufig konkrete Therapieangebote. Paradoxerweise herrscht jedoch über die Bedeutung der frühen Kindheit allgemeiner Konsens.

Im Zentrum der pädagogischen Bemühungen um Menschen mit besonderen Bedürfnissen muss die Anerkennung des Individuums als „Bürger" mit uneingeschränkten Bürgerrechten stehen, der aktiv an gesellschaftlichen Prozessen teilnehmen kann. Was ist die Position der Frühförderin hinsichtlich dieses sehr weiten Auftrages? Das System Frühförderung fördert die aktive Teilnahme, indem die jungen Staatsbürger lernen, ihre Bedürfnisse wahrzunehmen, sie mit ihren Mitteln zu artikulieren und gemäß ihrer Möglichkeiten zu befriedigen. Diese Zentrierung auf individuelle Bedürfnisse zeigt bereits erste Kollisionstendenzen mit normorientierten Systemen (z. B. der Schule). Frühgeförderte Kinder bzw. vor allem deren Eltern „betreten" Systeme institutioneller Erziehung mit individuellen Forderungen. Überspitzt formuliert, schafft Frühförderung zwar „fittere" und „autonomere" Bürger mit besonderen Bedürfnissen, möglicherweise jedoch nicht zufriedenere.

Fallbeispiel:
Martin* erhielt im Zusammenhang mit seiner Spastizität und seiner Sehbehinderung 6 Jahre Frühförderung, während der er – unterstützt von seiner Mutter – vor allem aktiv seine Umwelt erkunden und verändern durfte: bisweilen zum Leidwesen seiner Großeltern. Martin durfte während seiner Kindheit wochenlang Feuerwehrmann sein, Astronaut u. a. Die Kategorien „richtig/falsch" ersetzte Martin mit Unterstützung seiner Umwelt durch „passt oder passt nicht in mein Lebens- oder Wahrnehmungssystem". Bei der Einschulung drohte durch die klare Kategorisierung der Schulpädagogik mittels „richtig/falsch" eine Einschätzung schwerer Behinderung, da Martin – wie viele andere Kinder – größtmögliche Autonomie und nicht Normanpassung gelernt hatte. Dies schloss jedoch auch einen autonom-kreativeren Umgang mit Aufgabenstellungen ein, den die Schule als Zeichen seiner Behinderung interpretierte.

---

* Alle Namen wurden vom Autor geändert.

Solidarität und Offenheit muss von den Menschen ohne Behinderung aufgebracht werden. Dies erfordert einerseits Information, andererseits die Möglichkeit zur Beziehung zu Menschen mit Behinderung. Ich warne vor unvorbereiteten Konfrontationen im Sinne von Weihnachtsbazaren. Der Kontakt zu Menschen mit Behinderung kann immer nur ein persönlicher sein. Ein erster Schritt stellt die „politisch-korrekte" Verwendung von Etikettierungen dar: Die Hervorhebung des Gemeinsamen, des Mensch-Seins, muss über dem Trennenden, der Behinderung, stehen (Grond 1995): Wir arbeiten nicht mit Down-Syndrom-Menschen, sondern mit Kindern mit Down-Syndrom; nicht mit Schizophrenen, sondern mit Menschen mit Schizophrenie usw.

Gesellschaften, die in der Binnenstruktur immer stärker differenzieren (für jeden Bereich gibt es eine Spezialistin) und nach außen globalisieren, neigen dazu, das Trennende vor das Gemeinsame zu stellen. Wenn wir Kinder und Eltern befähigen, genau dieses Gemeinsame auch einzufordern – im Falle von Martin, kreativ zu sein, seine Welt zu gestalten und Kind sein zu dürfen – reagieren differenzierende Systeme (z. B. das Bildungssystem) mit massiver Verstörung. Störung stellt Information dar, die zur Stellungnahme auffordert: Indem Familien befähigt und aufgefordert werden, aktiv gesellschaftlich akzeptierte Normalität zu „verstören", ist Frühförderung ein hochpolitischer Akt, auch wenn dieser Aspekt bislang kaum Beachtung gefunden hat.

2.3 Fragen als pädagogischer Zugang

Bronfenbrenner (1981) hat auf die Bedeutung und Wechselwirkung unterschiedlicher Lebensräume und -systeme in der kindlichen Entwicklung hingewiesen. Frühförderung bahnte sich den Weg vom Funktionstraining in Richtung sinnvollen Handelns in bedeutsamen Lebensumwelten: Diese ökologische Wende erweiterte das Trainieren einzelner motorischer Funktionen um Fragen, wie die Förderung in das Alltagsleben des Kindes integriert werden konnte. Eine Pädagogik der Frühförderung umfasst somit auch die Frage nach Bedingungen der Erziehung eines Kindes, nach Wertsystemen, der Stellung des Kindes in der Gesellschaft, der Rolle der Mutter eines Kindes mit Behinderung u. a. Ist systemische Zurückhaltung angebracht oder hat die Frühförderin auch das Recht, parteiisch Stellung zu nehmen, wie dies eine feministische Frühförderung fordern würde (Schallerl 1996)? Nur wenn wir Stellung beziehen, sind wir für den anderen ein angreifbarer Partner. Dies ist nicht immer angenehm, ermöglicht jedoch Kontakt. Die Veränderung von sozialen Strukturen (nur noch in jeder 7. Familie gilt das bislang transportierte Wunschbild der heilen „Mutter-Vater-Kind"-Familie) konfrontiert Frühförderung mit Aufgaben, die weit über die konkrete Entwicklungsförderung hinausgehen können, und zwar im Sinne einer Stellungnahme

– zu unterschiedlichen Werthaltungen (z. B. Pränatale Diagnostik, Gentherapie),
– zu Erziehungsstilen und Familienbildern,
– zu medizintechnischer Machbarkeit (Sollen wir diese oder jene Therapie durchführen?),
– zu Ethik (Wie viel Förderung ist notwendig und vertretbar?).

Obwohl der Begriff der „Multidimensionalität" bereits sehr inflationär verwendet wird, hat er gerade in der Frühförderung seine Berechtigung. Die Komplexität des eigenen Handelns in komplexen Systemen benötigt jeweils „Minitheorien" der Intervention. Diese gründen auf den Bedürfnissen des Kindes, der Familie oder des Helfersystems, sodass unterschiedlichste methodische Zugänge – weil in die Wirklichkeit der Familie passend – gewählt werden können. Der Ruf nach einer stärkeren theoretischen Verankerung der Frühförderarbeit ist nicht jener nach einem letztendlich gültigen Modell. Gewünscht wird der Austausch zwischen Theorie und Praxis. An das System Frühförderung richtet sich die Forderung, Modelle zu entwickeln und zu vermitteln, die das eigene Tun wahrnehmbar, beschreibbar und erklärbar machen. Weiß (1992, 1993) beschreibt dies als den Schritt vom „Haltungsmodell" zum „Handlungsmodell". Die Dokumentation von Prozessen, die supervisorische Begleitung, jede „Öffentlichkeit" unterstützt die Qualität des eigenen Handelns. Transparenz und Austausch, Dokumentation,

Tabelle 3: Fragen an mein persönliches, institutionelles und theoretisches Modell

	Wissenschaftliche Modellebene	**Institutionelle Ebene**	**Persönliche Ebene**
Beobachtung	Welchen Fokus hat meine Theorie? Was erachtet sie als „bedeutsam"?	Zu welchen Beobachtungen sind wir ausgebildet, welche Mittel haben wir (Video, Skalen)?	Was beobachte ich, wo liegen meine Stärken (Wahrnehmungskanäle), welche Aspekte klammere ich aus?
Beschreibung	Welche Sprache (Terminologie) verwendet meine Theorie? Wie formalisiert ist diese Sprache (Fachtermini, Formeln)?	Inwieweit existieren sprachliche Regeln, z. B. bei der Dokumentation?	Inwieweit bin ich mit der eigenen und der Terminologie der anderen Modelle vertraut?
Erklärung	In welche Erklärungszusammenhänge stellt mein Modell das Beschriebene?	Gibt es institutionelle Vorgaben (Frühförderphilosophien)?	Sind diese Erklärungsmodelle für mich persönlich bedeutsam?
Handlungsebene	Erscheint das Modell praxisrelevant und wie wird der Praxistransfer gewährleistet?	Wie geschieht die Ausbildung hinsichtlich eines Praxistransfers? Wie wird Praxistransfer evaluiert?	Welche konkreten Handlungsschritte lassen sich für mich ableiten? Was tue ich konkret?
Interaktion	Inwieweit beschreibt die Theorie professionelle Austauschsprozesse?	Inwieweit ermöglicht mein System Kommunikation zwischen verschiedenen Modellen?	Wie gewährleiste ich die Klarheit meiner Sprache, wie gehen wir miteinander um?

Zusammenarbeit können als methodische Schritte dazu beitragen, Handlungen vor unterschiedlichen theoretischen Annahmen vergleichbar zu machen und zu einem Sinnganzen zu integrieren. Theorie kommt überall dort zur Anwendung, wo ich Fragen stelle (siehe Tabelle 3). „Fraglosigkeit" und Selbstverständlichkeit sind erste Schritte in Richtung Ideologie oder Ignoranz. Zwei Aspekte sind dabei wichtig: Auf welches Modell berufe ich mich und wie gewährleiste ich, dass dieses Modell meine Wirklichkeit passend beschreibt und erklärt?

2.4 Frühförderung als Pädagogik der Selbstgestaltung

Noch mehr Theorie? In Fortbildungsseminaren für Frühförderinnen wird gerade die Praxisferne von Modellen kritisiert. Die verborgene Gefahr theoretischer Diskussionen besteht darin, dass entweder keine Verbindung zur Praxis zu beobachten ist oder auf der Handlungsebene vorschnell mechanische Anweisungen abgeleitet werden: Alle Kinder mit Down-Syndrom benötigen Sprachförderung, alle Kinder mit Hyperaktivität brauchen sensorische Integration, alle Kinder usw. Die Wirklichkeit der Frühförderung geschieht und gestaltet sich jedoch im jeweiligen Austausch zwischen Frühförderin, Kind und Eltern. Dieser Gestaltungsprozess ist viel mehr durch die Möglichkeiten, Ziele und Sinnzusammenhänge der Individuen bedingt als durch den Input, der geleistet wird. Die Wirksamkeit der Frühförderung hängt nicht von der Qualität des Fördermaterials oder der Frequenz der Kontakte ab, sondern vom Ausmaß, in dem das Kind und die Familie dieses Angebot in das eigene Wahrnehmungs- und Handlungssystem integrieren können. Ein Mehr an Förderung oder noch besseres Fördermaterial stehen kaum in Beziehung zur Wirksamkeit, wohl aber gute Modelle, Kontinuität, persönliche Ansprechbarkeit der Frühförderin bzw. ein passendes Angebot (Guralnick 1997).

Darauf zielt eine Pädagogik der Selbstgestaltung und Eigenaktivität ab. Sie muss bescheidenere Ziele verfolgen und in die Entwicklungsfähigkeit der Familie vertrauen. Gerade dieser Aspekt ist für sehr aktive Frühförderinnen schwierig. Er erfordert, dass sich die Fachkraft zurücknimmt und nur „Umweltgestalterin" ist. Die Wirksamkeit der Förderung selbst hängt großteils vom Kind bzw. dem System Familie ab. Damit sind Patentrezepte zum Scheitern verurteilt. Eine Familie kann nur dies als Förderung akzeptieren und integrieren, was prinzipiell als (Verhaltens-)Möglichkeit vorhanden ist (Abbildung 2).

In der Terminologie der Selbstorganisation: Der Output hängt von den selbstgestalterischen Fähigkeiten des Systems ab, sich mittels eigener Fähigkeiten an die Umwelt zu „koppeln" (Maturana/Varela 1992).

Selbstgestaltung und Eigenaktivität bedeuten, die Sinnangebote des Kindes oder der Familie wahrzunehmen, zu verstehen und das Vertrauen zu haben, dass sich die Familie das nimmt, was in ihr gegenwärtiges „Lebenssystem" passt. Je schwerer die Kinder beeinträchtigt sind, desto eher neigen Fachleute dazu, aktiv zu sein. Gerade bei schwerstbehinderten Kindern fällt es uns schwer, Selbstgestaltung zu interpretieren. Dies erfordert primär, offen zu sein gegenüber den Beziehungsangeboten: „Wie tritt das Kind mit mir in Beziehung?" Gerade wenn Familien große Hilflosigkeit schildern, ist es wichtig, ihnen geschützte Freiräume zu bieten, aktiv zu werden. Bei Kindern mit Mehrfachbehinderung schließt das die

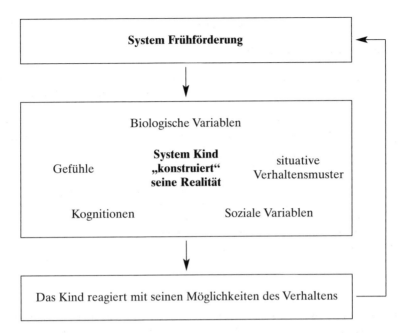

Abbildung 2: Das seine Umwelt selbst gestaltende Kind

Unterstützung bei alltäglichen Routinen ein. Nur wenn sich das Kind, die Familie als Handelnde erleben, werden Entwicklungspotenzen optimal gefördert. Dem Kind mit Behinderung sollen dort Brücken geboten werden, wo die Behinderung sinnstiftendes Handeln einzuschränken droht. Häufig fehlt es uns an Geduld, dieses sinnstiftende Handeln zu beobachten oder zuzulassen. Praktisch bedeutet dies, dass Methoden jeweils individuell zu erarbeiten sind, vor allem auf der Basis einer differenzierten Förderdiagnostik. Die angewandten Techniken mögen vielfältig sein und sich auf die beschriebenen „Bilder vom Kind" berufen. „Minitheorien" beschreiben in weiterer Folge konkrete Situationen (Tabelle 4).

Meine Minitheorie zur Unterstützung bei der Nahrungsaufnahme kann darin bestehen, für das Kind eine überschaubare Situation zu schaffen oder neben der Sondierung Saugverhalten zu fördern. Minitheorien eignen sich jedoch kaum zur Verallgemeinerung. Ihre Chance liegt in der Individualisierung der Beziehung, des Angebotes sowie der Methoden. Entwicklungsmöglichkeiten werden überall dort sichtbar, wo das Individuum mit neuen Anforderungen konfrontiert wird und selbstgestalterische Interaktion nützen kann.

2.5 Frühförderung braucht eine Ethik

Wenn pädagogische Theorien keine eindeutige Ableitbarkeit von Handlungsanweisungen (Patentrezepte) erlauben, welche Funktion können sie dann für die Frühförderung haben? Ein Modell stellt mein Handeln in erweiterte Sinn- und

Tabelle 4: Theoretische Bilder vom Kind und Methoden

Mein Bild vom Kind	Methoden
Das bedürftige Kind	Strukturen der Bedürfnisbefriedigung schaffen (physiologische Bedürfnisse, Sicherheit, soziale Bindung, Selbstwert...), Rituale, Freiräume schaffen
Das lernfähige Kind	Lernbedingungen analysieren, Anwendung von Lernprinzipien (Signallernen, Verstärkerlernen, Modelllernen, Lernen durch Einsicht)
Das Kind im System	Beschreiben von Systemregeln, Entlastung des „Symptomträgers", Eröffnen von Prozessen der Selbstorganisation
Das sich selbst stärkende, eigenaktive Kind	Gestaltung der Umweltbedingungen, damit sich das Kind als eigenaktiv erleben kann

Wertzusammenhänge. Ich fördere ein Kind nicht nur motorisch, kognitiv u. a., sondern vermittle dadurch auch Wertbilder: darüber was ich für wichtig halte, welche Kompetenzen ich für ein Kind für wichtig halte. Folgende ethische Grundannahmen und Grundrechte dürfen als Basis der Frühförderarbeit angesehen werden (ohne Anspruch auf Vollständigkeit):

– Das Recht des Kindes auf größtmögliche Autonomie.
– Das Recht des Kindes auf Wohlbefinden.
– Das Recht des Kindes auf seine Kindheit als geschützten Raum gegenüber Anforderungen des Erwachsenenlebens.
– Das Recht auf Selbstgestaltungsmöglichkeiten.
– Das Recht auf Eltern.
– Das Recht auf bestmögliche Förderung.
– Das Recht auf eine sichere, gesunde Umwelt.

Für die Förderarbeit ergeben sich daraus Fragen, die auf unterschiedlichen Ebenen beantwortet werden können (siehe Tabelle 5):

Im Frühförderalltag findet sich kaum Zeit, sich über Menschenbilder und Werte auszutauschen. Es wird letztendlich notwendig sein, geschützte Freiräume der Auseinandersetzung mit diesen Themen zu finden, sei es auf universitärer oder berufspolitischer Ebene, sei es in Klausurtagen. Die „Alltäglichkeit" der Arbeit (Fördereinheiten, Dokumentation, Öffentlichkeitsarbeit u. a.) macht es den einzelnen Institutionen bisweilen schwer, diese Themen anzusprechen. Trotz Qualitätssicherungsmaßnahmen wird der Auseinandersetzung mit unseren Menschenbildern und Leitbildern wenig Raum gegeben. Dies ist vielleicht auch der kritische Einwand von Sheehan et al. (1996) wenn sie sagen, dass die Frühförderung zunehmend konzeptloser wird. Ohne Menschenbilddiskussion läuft Frühförderung Gefahr, als technischer Dienstleistungsservice „Märkte zu erschließen", „Produkte zu verkaufen" und „Kundenwünsche" zu erfüllen.

Tabelle 5: Ebenen der Auseinandersetzung

Ebene	Fokus	Frage an meine Förderarbeit
Ebene 1	Menschenbild	Unterstütze ich die Autonomie und das Wohlbefinden des Kindes und der Familie?
Ebene 2	Werte	Respektiere ich die individuellen Wertvorstellungen und individuellen Lebensziele?
Ebene 3	Ziele	Fördere ich die selbstgestalterischen Kräfte beim Kind und der Familie?
Ebene 4	Methoden und Maßnahmen	Verwende ich wissenschaftlich anerkannte Methoden (z. B. der Lerntheorien)?
Ebene 5	Kommunikation	Spreche ich über beobachtbare, beschreibbare und erklärbare Handlungen?

2.6 Stellung beziehen

Frühe Hilfe ist nicht nur eine Frage der Finanzierbarkeit, der Ausbildung und der konkreten Methoden. Sie fordert zur Stellungnahme auf. Gerade die Machbarkeit der Medizintechnologie verweist auf die Verantwortung und Solidaritätsnotwendigkeit der Gemeinschaft gegenüber Menschen mit besonderen Bedürfnissen: 50 % der Frühgeborenen mit extrem niedrigem Geburtsgewicht unter 1000 Gramm können überleben, 25 % zwischen 500g und 750g (Champion 1999). Die Gefahr von Beeinträchtigungen steigt mit geringerem Geburtsgewicht: Blair und Ramey (1997) sprechen von 10–20 % Risiko einer Beeinträchtigung bei Kindern mit extrem niedrigem Geburtsgewicht (unter 1.500g). Carpenter (1997) fragt zurecht, wer die gesellschaftliche Verantwortung für die Erziehungs- und Lebensbedingungen von Kindern übernimmt, die dank der Hochtechnologiemedizin in eine entsolidarisierte Welt „geworfen" werden? Ich vermisse vor allem im Kontakt mit Sozialpolitikern das Hervorheben dieses Solidaritätsaspektes.

In der Frühförderung geht es nach 1986 nicht mehr um die Frage „Wirkt sie oder wirkt sie nicht?". Der neue ökologische Zugang ergänzte Frühförderung im Vergleich zu linear-kausalen Interventionsmodellen durch Begriffe wie „Sinn", „Autonomie", „Ressource", „Lebensqualität" und „Selbstgestaltung". Wir haben es mit individuellen Lebensplänen zu tun, die den Menschen in seinen einmaligen Interaktionen bzw. Transaktionen mit seiner Umwelt sehen. Förderung kann sich nicht mehr auf rein funktionale Beziehungen zu Norm(entwicklungs)zielen, Fördermaterialien oder Versorgungsleistungen u. a. beschränken. Sie benötigt vor allem Angebote zu sinnvollem Tun in einer sinnstiftenden Umwelt:

– im erweiterten Familienkontext (Vater, Geschwister, Großeltern),
– in der Nachbarschaft (dem Spielplatz als Aktivitätsfeld),
– im öffentlichen Raum (dem Schwimmbad, dem Supermarkt).

Nicht die konkret zu erlernende motorische, kognitive oder soziale Funktion, sondern die Möglichkeit der Gestaltung des Lebensraumes ist der Weg und das Ziel des Förderprozesses. Diese Art der pädagogischen Intervention hat wenig mit definierten Methoden zu tun. Frühförderung ist dort wirksam, wo das Individuum wirken, d. h. seine Umwelt verändern oder mitgestalten kann. Dies schließt den Lebensraum der Familie und des Kindes mit ein. Überall dort, wo sich das Individuum als autonom gestaltend erlebt, entsteht Sinn und letztendlich Selbstverwirklichung.

Fragen der Selbstevaluation 2:

a) Welche – über meine Grundausbildung hinausgehenden – Aspekte umfasst meine Berufsdefinition als Frühförderin?

b) Wie definiere ich/definiert mein Service „frühe Hilfe" für die Eltern?

c) An welchen Handlungen lässt sich mein persönliches/institutionelles Menschenbild erkennen?

d) Inwiefern findet ein Diskussionsprozess in meiner Institution über Fragen der Ethik der Frühförderung und Gesellschaftspolitik (Gentechnik, pränatales Screening) statt?

e) Wie lässt sich durch mein Verhalten sinngebendes Handeln mit dem Kind, der Familie oder dem Team erkennen?

3 Der Prozess der Frühförderung

3.1 Partnerschaftlichkeit als Handlungsauftrag

Obwohl die Organisationsformen der Frühförderung im deutschen Sprachraum sehr unterschiedlich sind, bietet die Darstellung einer Ablaufform des Frühförderprozesses einen gemeinsamen Handlungsrahmen. Partnerschaftliche Kommunikation stellt die Basis dazu dar: Sowohl die Eltern als auch die Frühförderin sollen prinzipiell jede Situation mitgestalten können. Eine solche Partnerschaftlichkeit betont vor allem Interaktion, d. h. Austauschprozesse über die gemeinsam verbrachte Zeit. Eltern und Frühförderinnen übernehmen in dieser Interaktion Rollen und Funktionen: die zu Beratenden – die Beraterin; die an der Entwicklung Interessierten – die Entwicklungsspezialistin. Wenn diese Rollenzuweisungen großteils übereinstimmen, tragen sie dazu bei, eine Wirklichkeit zu schaffen, die als unterstützend erlebt wird (Dunst et al. 1997): „Jemand ist für mich und meine Anliegen da."

Aufgrund des Informationsvorsprunges der Frühförderinnen erfolgen diese (Rollen-)Zuweisungen zurzeit größtenteils durch die Experten. Eltern erachten sich gerade am Beginn des Förderprozesses in der schwächeren Rolle. Sie sind meist die Hilfesuchenden, manchmal die Hilfsbedürftigen. Experten bestimmen durch ihre „Definitionsmacht" meist auch die Rahmenbedingungen: Ob ein Kind behindert oder von Behinderung bedroht ist, welche Interventionen notwendig sind, was gemeinsam wie getan werden kann. Auf internationaler Ebene wird hier eine verstärkte Einbindung von Eltern in die Definition von „Partnerschaftlichkeit" gefordert (Eurlyaid 1999). Eltern sollten motiviert werden, sich in Fachzeitschriften zu artikulieren: Der „Brief einer Mutter" (Holthaus 1983), die „Entdeckung der Väter" (Carpenter/Herbert 1994), die Erhebung von Elternzufriedenheit oder von Wirkfaktoren stellen erste Schritte dar, auch den Partner „Eltern" in den Definitionsprozess mit einzuschließen. Wir diskutieren über Partnerschaftlichkeit, schließen jedoch – überspitzt formuliert – unsere Partner von diesem Prozess aus: Haben Sie als Frühförderin die Eltern befragt, was diese unter Partnerschaftlichkeit verstehen?

Von Seiten der Eltern zeichnen sich trotz gut etablierter Selbsthilfegruppen erst langsam Initiativen ab, eigene Wünsche zu formulieren (Pretis 1999a). Die Unterschiedlichkeit der Definitionen sollte uns Experten nachdenken lassen, wie Tabelle 6 zeigt.

Die Frühförderinnen sehen sich häufig als Begleiterinnen, die zuhören, helfen und fördern. Von den Eltern werden sie meist als Entwicklungsförderinnen, Spielanleiterinnen oder Fachfrauen angesehen (Pretis 1997, 1998a). Beziehung ist nicht nur von Seiten der Expertinnen zu definieren. Jene Eltern, die sich öffentlich zu Partnerschaftlichkeit äußern, haben meist bereits in irgendeiner Form ins professionelle Lager übergewechselt. Die Partnerschaftlichkeitsdiskussion sollte vermehrt zu ihren Wurzeln zurückkehren, mit der einfachen Frage, was und welche Verhaltensweisen Eltern als partnerschaftlich ansehen:

30 Der Prozess der Frühförderung

Tabelle 6: Theorie und Praxis

Akademische Kategorien	Wünsche der Eltern
Respekt der Erziehungskompetenz	Ernstnehmen des Intuitiven und des Spürens, der eigenen Erfahrungen als Eltern
Anknüpfen an die Lebenswirklichkeit des Kindes	Ansprechen des Kindes mit seinem Namen, Augenkontakt, Anwendung „sanfter" Methoden
Respektieren der Wert- und Normensysteme der Familie	Übermittlung von Prozesswissen (was, warum, wie)
Begleitung	Bereitstellen geschützter Raum- und Zeitstrukturen

a) Wer definiert Partnerschaftlichkeit?
b) Kann Partnerschaftlichkeit flexible Rollengestaltung einschließen?
c) Bedeutet Partnerschaftlichkeit, dass Verantwortung an die Eltern delegiert wird?
d) Gibt es Grenzen der Partnerschaftlichkeit?
e) Gilt Partnerschaftlichkeit als westlich-demokratische Wertvorstellung generell?
f) Wie sieht das Verhältnis zwischen Autonomie und Partnerschaft aus?

a) Wer definiert Partnerschaftlichkeit?
Häufig ist zu beobachten, dass die Eltern selbst in den Zuschreibungsprozess nicht eingebunden sind. Zurzeit habe ich den Eindruck, dass Partnerschaftlichkeit vornehmlich von den Experten definiert wird.

b) Kann Partnerschaftlichkeit flexible Rollengestaltung einschließen?
Die verschiedenen Phasen der Krisenbewältigung (Pretis 1999b) oder der „Annahme der Behinderung" (Schuchardt 1980) betonen, dass partnerschaftliches Handeln unterschiedliche Qualitäten aufweisen kann. Von Seiten der Eltern besteht phasenweise das Bedürfnis nach definierten „Experten-Laien-Ansätzen". Endlich möge die Expertin kommen, die den Weg weist, Prognosen abgibt oder klare Handlungsmöglichkeiten bietet. Vor allem in Phasen hoher Unsicherheit (Diagnosenvermittlung) oder Krisen wünschen sich Eltern Sicherheit des unterstützenden Gegenüber, möglicherweise nicht so sehr Partnerschaftlichkeit.

c) Bedeutet Partnerschaftlichkeit, dass Verantwortung an die Eltern delegiert wird?
Beschönigt das Partnerschaftsmodell nicht die Tatsache, dass große Teile des sozialen Dienstleistungssektors vom „Kunden" abhängen? Den Kunden zum Partner zu machen, ihm Handlungskompetenz und (Mit-)Verantwortung für den Prozess zu geben, bedeutet auch, sich möglicherweise selbst vor Anforderungen zu schützen. Durch Partnerschaftlichkeit kann Verantwortung delegiert werden. Vor allem Mütter fühlen sich in verstärktem Maß für den Erfolg und Misserfolg der

Entwicklungsprozesse ihrer Kinder verantwortlich. Diese Verantwortung darf kein schleichender Rückfall in Kotherapeutenmodelle sein.

Auch auf dem Sektor der Sozialarbeit beginnt das Angebot-Nachfrage-Prinzip den Markt und die Leistungen zu definieren: Die Zeit, in der Eltern dankbare Empfänger karitativer Hilfsleistungen in der Behindertenhilfe waren, ist vorüber. Dies betrifft auch lange Monopolstellungen großer Organisationen. Vor allem junge (urbane) Eltern verfügen verstärkt über Zugang zu neuen Medien und Kommunikationsstrukturen. Partnerschaftlichkeit stellt auch den Versuch der Fachkräfte dar, den stärker werdenden Konsumaspekt zu beschönigen. Ziele und Bedingungen werden „verhandelt". Das Angebot wird angenommen, wenn die Produktqualitäten den Bedürfnissen entsprechen und über die Durchführung der Dienstleistung Übereinstimmung erzielt wird (Negotiationsmodell). Der Frühförderin wird im verstärkten Maß die Rolle der Impulsgeberin übertragen, deren Angebot angenommen werden kann oder nicht. Partnerschaftlichkeit bedeutet auch Verlässlichkeit. Wenn Eltern Frühförderung als Dienstleistung „konsumieren", sind Ansprüche der Partnerschaftlichkeit nur einseitig definiert.

d) Gibt es Grenzen der Partnerschaftlichkeit?
Gerade Multiproblemfamilien sehen Frühförderung mitunter als soziale Kontrolle. Partnerschaftlichkeit stößt auch an Grenzen. Das Angebot der Frühförderung wird großteils nicht gewünscht. Dies erweckt die Frage, wie ich als Frühförderin mit dem Beziehungsangebot „Partnerschaft" an die Eltern umgehe, wenn der Service oder die Frühförderin persönlich abgelehnt werden? Frühförderung ist immer ein freiwilliges Angebot. Um sich vor persönlicher Abwertung zu schützen, erscheint ein Rückzug auf ein Expertenmodell in solchen Fällen vorstellbar.

e) Gilt Partnerschaftlichkeit als westlich-demokratische Wertvorstellung generell?
Pädagogische Partnerschaftsmodelle spiegeln eine westlich-demokratische Bürgergesellschaft wider. Sie erfordern meist eine gute sprachliche Basis. Dies schließt ein, dass ich meine Bedürfnisse als Partner wahrnehmen, bewerten und artikulieren kann. In vielen Ländern Europas ist ein verstärkter Rückzug staatlicher Lenkung aus der Behindertenhilfe zu beobachten. Der Bürger und Konsument soll sich am freien Markt sein passendes Angebot suchen. Als Hintergedanke hoffen Sozialpolitiker, dass durch das Zusammentreffen von Angebot und Nachfrage das Produkt „Frühförderung" billiger wird. Betreuungsschecks und Konkurrenzverhältnisse am „therapeutischen Markt" erfordern in verstärktem Maß rationale Prozesse der Entscheidungsfindung: Preis, Leistung, Qualität. Hören wir jedoch Eltern in Selbsthilfegruppen zu, wie sie ihre Hilfesuche beschreiben: Sie sind meist verunsichert, hoffen, verzweifeln, kämpfen gegen administrative Hürden. All dies hat mit vernünftigen Entscheidungskriterien wenig zu tun. Welche Möglichkeiten haben Betroffene auch, die Güte von Betreuungsangeboten zu überprüfen?

Liberalisierung erhöht nicht die Qualität der sozialen Arbeit – wie erhofft – sondern öffnet auch möglichem Missbrauch Tür und Tor. Hoffnung ist im heilpädagogischen Feld ein starker Motor. Ohne staatliche Kontrolle ist diese Hoffnung dem gewinnmaximierenden kapitalistischen Markt ausgesetzt. Überspitzt formuliert muss wenigstens als Denkmodell angenommen werden, dass Eltern mit behinderten Kindern fortwährend *verletzlich* bleiben und meist mit nicht vorhersagbaren Herausforderungen konfrontiert sind (Carpenter 1997). Ihnen darf nicht die Kompetenz bei der Wahrnehmung ihrer Bedürfnisse genommen werden. Sie sollten jedoch nicht allein gelassen werden bei der Einschätzung von Methoden, Therapien u. a.

Nicht die Aussage „Ich weiß, was Du brauchst", sondern „Ich begleite dich im Prozess, damit du herausfindest, was Dir gut tut" spiegelt auf einer Handlungsebene Partnerschaftlichkeit wider. Darin liegt die zweifache Verantwortung der Fachkräfte:

- einerseits in der Offenheit, den anderen wahrzunehmen und anzuhören, einfühlsam *beim anderen* zu sein,
- andererseits mit kritischer Distanz Prozesse zu reflektieren und Modelle anzuwenden und *bei sich* zu sein.

Sprache spielt dabei eine wichtige Rolle. Bei jungen Eltern aus dem großstädtischen Raum ergeben sich meist geringe sprachliche Probleme. Bei Migrantenfamilien stößt Partnerschaftlichkeit bisweilen auf kulturspezifische Grenzen:

- Die Stellung der Frau in der Erziehung: Häufig erleben wir Väter, die sowohl der Frühförderin als auch der jungen Mutter in Sachen Erziehung wenig Kompetenz zuschreiben.
- Die Migrantenfamilie, die die Behinderung nicht wahrnehmen will. Häufig halten Familien aus anderen Kulturen in den Gastländern starrer an Regeln und Bildern der Normalität fest, um sich vor der fortwährenden Entfremdung und Unsicherheit zu schützen. Somit wird auch die Bedürftigkeit eines Kindes mit Behinderung lange nicht wahrgenommen.
- Die Grenze der Sprache und des Verständnisses: Selbst Eltern mit deutscher Muttersprache erleben häufig Stress und Überforderung in Beratungsgesprächen. Verdeutlichen wir uns, dass aus einem Expertengespräch maximal sechs Informationen erinnert werden. Bei Familien mit anderen Muttersprachen ist zu erwarten, dass noch mehr Informationen verloren gehen oder nicht ankommen.
- Das Eindringen eines Helfersystems in den Familienraum: Der Familienraum besitzt unterschiedlichen Stellenwert. Bereits in ländlichen Gebieten machen sich Eltern Sorgen, welche Bedeutung ein wöchentlicher Besuch für die Nachbarschaft haben könnte. Um wie viel schwieriger ist es, den Schutzraum einer Familie zu betreten, die aus einem anderen Kulturkreis kommt. Gerade am Beginn der Frühförderung ist die Anwesenheit eines Übersetzers oder einer Vertrauensperson somit unumgänglich.

f) Wie sieht das Verhältnis zwischen Autonomie und Partnerschaft aus?
Partnerschaftlichkeit ermöglicht und erfordert Wege autonomer Lebensgestaltung. Bei neuen Zielgruppen der Frühförderung (Eltern mit psychiatrischen Diagnosen, suchtkranke Betreuungspersonen) stellt die „Verrücktheit der Interaktionen" ein solches Konzept in Frage. Auch wenn diese Klienten es nicht so erleben, wird ihnen durch die Fachleute die Möglichkeit der Selbstbestimmung häufig abgesprochen. Im Hintergrund taucht die Frage auf, welche Unterstützung betreute Familien benötigen, um überhaupt ihre Bedürfnisse nach Partnerschaftlichkeit aussprechen zu können. Ich warne vor vernünftigen (Konsum-)Konzepten, die davon ausgehen, dass Menschen in jeder Situation wissen, was sie brauchen, und dies

auch äußern können. Falsch verstandene vernunftbetonte Partnerschaftlichkeit wird dann zum Stressfaktor.
Welche Handlungsanforderungen ergeben sich für Frühförderinnen? Ich handle partnerschaftlich, wenn ich mit der Person des anderen respektvoll umgehe. Ich darf Ansprüche an das gemeinsame Arbeitsmodell stellen. Mein Partner hat das Recht, mich „wirklich und angreifbar" zu erleben. Er darf einfordern, dass ich Stellung nehme und meine Modelle der Förderung darstellen kann. Unkritisches Gewähren Lassen und Akzeptieren sind damit nicht gemeint:

Fallbeispiel:
„Kleines Monster, komm her! Kleines Monster, iss jetzt!" Es ist falsch verstandene Partnerschaftlichkeit, zu akzeptieren, dass das zu betreuende Kind von der Mutter während der Einheit als „kleines Monster" bezeichnet wird. „Was kann ich dagegen tun", lautet eine häufig gestellte Frage in Fallbesprechungen. Wir können in der konkreten Situation klar Stellung nehmen, dass wir während der Fördereinheit wünschen, dass das Kind nicht abgewertet werden sollte. „Ja, aber, was geschieht am Nachmittag, an den anderen Tagen?" Es sind unsere eigenen Ansprüche und natürlich die Sorge um das Kind, die es schwierig machen, sich auf jene Situationen zu bescheiden, in denen wir wirken können. Nur die Klarheit der eigenen Stellungnahme ermöglicht dem Partner, sich mit anderen Wertsystemen auseinander zu setzen. Daraus können durchaus Konflikte entstehen, auch wenn dies nicht der Regelfall ist. Auseinandersetzung bedeutet eine Möglichkeit des Kontaktes. Die Form der Konfliktaustragung kann durchaus respektvoll partnerschaftlich sein. Sie wird jedoch in jedem Fall konstruktiver sein als der innere Konflikt der Frühförderin, wie sie denn reagieren sollte. Im erwähnten Fall des „kleinen Monsters" kam es zum Abbruch der Frühförderung, da sich die Frühförderin außer Stande sah, in einer Familie zu arbeiten, in der Kinder mit Behinderung als „Monster" bezeichnet wurden. Drei Monate später meldete sich die Mutter wieder. Die Frühförderung wurde mit einer anderen Fachkraft wieder aufgenommen.

Im Gegensatz zum Experten-Laien-Modell erfordert Partnerschaftlichkeit, etwas zum Prozess beizutragen. Es darf jedoch nicht versäumt werden, diesen Teil der Verantwortung (der definierten Minimalvoraussetzungen) vorweg zu beschreiben: Für die Frühförderin kann dies bedeuten,

- transparent zu handeln,
- respektvoll zu kommunizieren,
- fähig zu sein, eigene pädagogische Voraussetzungen darstellen zu können.

Konkret heißt dies,

1) Rahmenbedingungen zu definieren,
2) Prozesse gemeinsam zu steuern,
3) über Beziehung zu reflektieren,

1) Rahmenbedingungen definieren: Dies schließt vorhandene Bilder und Erwartungen über Frühförderung, aber auch die jeweiligen Konzepte der Frühförderstelle ein. Minimalanforderungen an beide Partner sollten deutlich hervorgehoben werden: Wie gewährleisten wir, dass Termine eingehalten werden, minimale Arbeitsbedingungen geschaffen sind? Dies gilt auch für die Vermittlung von Prozesswissen: Wie transparent bin ich in der Darstellung dessen, was passieren wird? Im Gegensatz zu therapeutischen Ansätzen, die meist über ein definiertes Methodeninventar verfügen, ist jeder Schritt in der Frühförderung vor allem *Austausch* – über Bedürfnisse, Ziele und Methoden.

2) Möglichkeiten der Prozesssteuerung: Wie bestimmen wir unseren Weg? In welchen Abständen sind Reflexionseinheiten notwendig? Wie gelangen wir zu einer Bewertung jener Wahrnehmungen, die wir als bedeutsam erachten? Gibt es eine Beschwerdekommission, an die ich mich wenden kann? Dass Daten in weiterer Folge vergleichbar sein sollten, damit die Wirksamkeit des Systems Frühförderung beschreibbar wird, stellt einen weiteren (sozialpolitischen) Kommunikationsprozess dar. Die Angst vor Kontrolle und Datenschutz, aber auch geringer erlebter Nutzen machen Fachkräfte zurzeit noch vorsichtig gegenüber abstrakteren Datenvergleichen, wie dies z. B. durch das Münchner Analyse- und Lernsystem (Peterander 1995) oder die Elternzufriedenheitsskala ermöglicht wird (Lanners/Mombaerts 2000).

3) Über Beziehung reflektieren: Wie gewährleisten wir unsere gegenseitige Autonomie und den respektvollen Umgang? Der Hinweis auf die Entscheidungsfreiheit der Eltern oder der Pädagoginnen ist wertvoll. Bei sozialen Dienstleistungen besteht jedoch die Gefahr, dass die Dienstleistungsnehmer, d. h. die Eltern, immer die Schwächeren und Abhängigen bleiben (Speck 1983, 1999). Dazu kommt, dass Eltern häufig ein vorweggenommenes schlechtes Gewissen haben, Frühförderung nicht ablehnen zu dürfen, da sie damit ihrem Kind möglicherweise Unterstützung vorenthalten.

Partnerschaftlichkeit erfordert Verantwortung. Sie umfasst die Pflicht, Antworten geben zu können und zu antworten. Sowohl die Frühförderinnen als auch die Eltern benötigen Voraussetzungen und Fähigkeiten, damit Partnerschaftlichkeit gelebt werden kann. Für die Frühförderung bedeutet dies: Klarheit der eigenen Kommunikation, der eigenen minimalen Ansprüche und des verwendeten (pädagogischen) Modells.

Je gegensätzlicher die Positionen sind, desto eher sind Konflikte vorprogrammiert: Vor allem in Multiproblemfamilien erleben Frühförderinnen dann Konflikte, wenn das eigene pädagogische Modell mit jenem der Eltern oder Dienstleistungsnehmer kollidiert. Gleichzeitig werden jedoch kaum Möglichkeiten einer Klärung gesehen: der alkoholkranke Vater, den Frühförderung nicht interessiert, die überforderte Mutter, die sich „nur" wünscht, dass alles so reibungslos wie möglich funktioniert... Die Pädagogin, die fürchtet, dass durch einen Konflikt die minimale gemeinsame Arbeitsbasis gefährdet wird.

Kann ich die Forderung an den bisweilen alkoholisierten Vater stellen, dass der Fernseher während der Einheit ausgeschaltet wird, ohne dass es zum Abbruch der Frühförderung oder zu Übergriffen kommt? In solchen Situationen wird der Wunsch nach kommunikativen und meist manipulativen Strategien laut: „Wie sage ich es den Eltern?" Nur wenn Fachkräfte ihre pädagogischen Wünsche im Hier und Jetzt ansprechen und die eigenen Minimalvoraussetzungen für die Arbeit verdeutlichen, werden Veränderungen möglich sein. Verdeckte Strategien binden Energie. Manipulierte Menschen reagieren nicht aufgabenorientiert, sondern wollen sich vornehmlich schützen. In offener Kommunikation kann der Gesprächspartner Stellung nehmen – oder auch nicht. In letzterem Fall obliegt es der Frühförderin abzuklären, inwiefern eine Arbeitsbasis vorhanden ist.

Erforderlich ist jedoch, dass die Fachkraft für sich unterscheiden kann, was für sie wichtig ist, in welchem Fall sie Stellung nehmen und Energie investieren will, in welchem jedoch nicht. Nur klare Anforderungen ermöglichen klare Stellungnahmen. Die Heilpädagogik ist jedoch nur in geringem Maße dazu im Stande und sieht es auch nicht primär als ihre Aufgabe, eindeutige Handlungsanforderungen zu formulieren. Diese hängen zu stark von jeweiligen Menschenbildannahmen und Werthaltungen ab.

Der Diskussionsprozess darüber beginnt jedoch in mir. Über pädagogische Techniken und kommunikative Strategien hinaus hat dies viel mit eigener Ethik (Was ist für mich wichtig?), Zivilcourage (Was traue ich mir zu?) sowie einem Diskussionsprozess innerhalb der Institutionen (Welche Ziele verfolgen wir mit welchen Mitteln?) zu tun: Im oben erwähnten Fall kann dies bedeuten, vom gewalttätigen Vater deutlich das Abstellen des Fernsehers während der Fördereinheit zu wünschen. Die Deutlichkeit und Klarheit des Anliegens wird eher das gewohnte Reaktionssystem verstören als aggressive Übergriffe auslösen. Lösungen werden im gemeinsamen Handeln konstruiert, nicht in den Köpfen der Frühförderinnen. In der Phantasie werden Energien an Szenarien gebunden, die in den wenigsten Fällen der Realität entsprechen: „Werde ich hinausgeworfen, kommt es zum Abbruch der Frühförderung?" Unsere Befürchtungen hängen in hohem Maße von eigenen Bildern und nicht von jenen des Kommunikationspartners ab. Ergibt sich auf der Inhaltsebene kein Konsens (das Abdrehen des Fernsehers), muss sich die Frühförderin fragen, ob noch eine gemeinsame Arbeitsbasis vorhanden ist.

3.2 Kommunikation und Unterstützung als hierarchisches Strukturmodell

Tabelle 7 zeigt den zeitlichen Prozess der Frühförderung in modellhafter Weise. Modelle bilden Wirklichkeit nicht ab, sondern symbolisieren, abstrahieren sie und reduzieren Komplexität. Viele der beschriebenen Prozesse laufen im konkreten Förderalltag parallel ab oder können in dieser klaren Weise nicht unterschieden werden. Die alltägliche Arbeit richtet sich meist nicht nach Modellen. Wichtig ist jedoch, ein theoretisches Schema – vor allem bei krisenhaften Entwicklungen – verfügbar zu haben (Tabelle 7).

Ablaufdiagramme reglementieren Prozesse nicht. Sie können Rückmeldeschleifen bieten und klären, ob die gemeinsamen Annahmen über die Wirklichkeit noch ähnlich und unterstützend sind. Krisenhafte Entwicklungen zwischen Frühförderinnen und Eltern verdeutlichen häufig „Ungleichzeitigkeiten" des Prozesses: Meist geschieht dies in Form offener Fragen und Unklarheiten in bereits abgeschlossen geglaubten Phasen. Sei es dass die Eltern zu weit in die Zukunft projizierte Wünsche haben (Wird mein Kind den Führerschein machen können?) oder dass die Frühförderin ungeduldig eigenen Leistungsansprüchen

Tabelle 7: Strukturmodell des Förderprozesses

Prozess	Ziel	Voraussetzungen	Frühförderin	Eltern
Erstkontakt	Schaffung der Bedingungen für weitere Kontakte	Erreichbarkeit, Gewährleistung, dass Information nicht verloren geht	Struktur- und Prozesswissen, Fähigkeit der Selbstdarstellung	Interesse, Fähigkeit, ihr Anliegen zu kommunizieren
Erstgespräch	Kennen lernen, Information über das Angebot	Geschützter definierter Rahmen, System der Dokumentation, Klarheit des Angebotes	Empathie, Bedürfnisse der Eltern ernst nehmen, Prozesswissen	Notwendigkeit des Angebotes wird anerkannt, Einverständnis mit Rahmen
Beziehungsaufbau	Aufbau einer tragfähigen Arbeitsbeziehung, Definition der Minimalvoraussetzungen der gemeinsamen Arbeit	Zeitrahmen, Konsens über das „Wann, Was, Wo, mit Wem?", Kontinuität des Beziehungsangebotes	Fähigkeit, Beziehung zu schaffen, Gefühle wahrzunehmen und zu benennen, Sicherheit im verwendeten Modell	Minimales Interesse für Fragen der Kindererziehung, Einhalten von Terminabsprachen
Phase der Förderdiagnose und der Zielarbeit	Formulieren von Förderzielen und Methoden auf der Ebene der kindzentrierten Förderung, Elternarbeit und Transdisziplinarität	Vorhandensein geeigneter Mittel zur Erhebung oder Einschätzung bedeutsamer Daten, definierter Zeitrahmen	Kenntnisse der Erhebung und Einschätzung bedeutsamer Daten, Fähigkeit, mit den Eltern und dem Team, Ziele „auszuhandeln"	Minimale Motivation, die Einschätzungen der anderen wahrzunehmen und sich mit den professionellen „Partnern" auseinanderzusetzen
Phase der Förderarbeit	Unterstützung der Ressourcen des Kindes, der Eltern und des Umfeldes mittels geeigneter Methoden	Geeignete Arbeitsmittel, Systeme der Unterstützung (Team, Supervision, begleitende Dienste)	Kenntnis spezifischer Fördermethoden, kommunikative Strategien in belasteten Systemen, Teamfähigkeit, persönliche Stabilität	Minimaler Konsens über die Arbeitsweise
Phase der Reflexion	Evaluation des Prozesses und der Zielerreichung: Tun wir das Richtige, verfügen wir über die geeigneten Mittel, wie begründen wir unser Tun?	Definierter Zeitrahmen und geeignete Instrumente bzw. Unterstützungsstrukturen	Fähigkeiten der Selbst- und Fremdevaluation. Wünsche formulieren und annehmen sowie Unterscheidung zwischen persönlichen und professionellen Zielen treffen	Fähigkeit, Offenheit und Interesse, über die Arbeit in und mit der Familie zu reflektieren und Wünsche zu formulieren
Phase der Beendigung	Abschluss der Förderarbeit, Sicherung des Überganges in andere Systeme, Delegieren offener Aufträge an weitere Systeme	Rahmenbedingungen zur Einleitung von Systemübertritten, z. B. überlappende Betreuung, definierte Kommunikationsabläufe	Kommunikative Steuerung des Übergabeprozesses, Fähigkeit, Beziehungen zu beenden	Interesse an der Weiterentwicklung des Kindes, Annehmen anderer Unterstützungsformen, Vertrauen in Eigenkompetenz

folgt. Es wird nicht immer möglich sein, zu jedem Zeitpunkt alle Fragen zu beantworten. Die kindzentrierte Förderung beruht auf dem Vertrauen, dass Ressourcen vorhanden sein werden, wenn die Fragestellung in der Zukunft bedeutsam wird. Gerade in Erstgesprächen projizieren Eltern ihre Sorgen gerne in die Zukunft: Wird mein Kind die Schule besuchen können, selbständig leben u. a. Auftauchende Probleme sollten auf ihre Herkunft überprüft werden.

Ein Modell dazu bietet Schulz v. Thun (1992) mit seinen vier Ohren der Kommunikation: Inhalts-, Appell-, Selbstoffenbarungs- und Beziehungsaspekt. Wünschen sich die Eltern eine konkrete Prognose (Inhaltsaspekt), Hilfestellungen (Appell), einen geschützten Raum zur Aussprache (Selbstoffenbarung) oder einen Menschen, von dem sie sich verstanden fühlen (Beziehungsaspekt). Gerade in krisenhaften Situationen ist es wichtig, offene und verdeckte, gesendete und interpretierte Botschaften, Inhalte und Appelle im Gespräch zu überprüfen.

Fallbeispiel:
Kurz vor dem Ende einer Fördereinheit: Die Mutter verabschiedet sich von der Frühförderin: „Also, ich muss Ihnen jetzt etwas Lustiges (!) mitteilen: Immer nach dem Essen suche ich die Toilette auf und übergebe mich. Das geht schon länger so und ich fühlte mich auch körperlich miserabel. Ich bin bei einem Arzt in Behandlung, der mir eine Psychotherapie empfohlen hat. Nach zwei Terminen habe ich jedoch gemerkt, dass dies nichts für mich ist. Ich fühle mich durch die Infusionen beim Arzt jedoch nicht mehr so schlecht. Also, dann bis zum nächsten Mal!"

Die Frühförderin war durch die für sie völlig überraschende Information sehr beunruhigt, da sie für sich nicht wusste, was sie damit anfangen sollte. Die Fachkraft holte in der Supervision Information über das Krankheitsbild Bularexie (Inhaltsebene) ein. Darunter wird ein Krankheitsbild verstanden, dass die Symptome der Anorexie und der Bulimie vereinigt. Sie beschrieb in der nächsten Einheit der Mutter ihre eigene Betroffenheit (Selbstoffenbarung) und fragte konkret, welche Handlungsaufforderung mit dieser Botschaft verbunden sei (Appell). Eine deutliche Unterscheidung zwischen „meinen Bildern und Handlungsaufforderungen" und jenen der Kommunikationspartner ist vor allem in der Krisenintervention wichtig (Pretis 1999b). Dies erfordert die Sensibilität und Mut der Frühförderin, Situationen wahrzunehmen, sie zu benennen und zu beschreiben und Appelle einzufordern.

Meist entscheidet die zeitliche Abstimmung des gemeinsamen Weges über die Zufriedenheit mit Frühförderung. Zeitverschobene Prozesse führen zu Missverständnissen, Fehlinterpretationen und im Extremfall zum Abbruch der Frühförderung. Die Ungleichzeitigkeit mag an den Erwartungen und Belastungen liegen. Die Kombination „junge Frühförderin – Multiproblemfamilie mit schwerstbehindertem Kind" zeigt sich hier besonders anfällig für Abbrüche (Strothmann/Zeschitz 1983).

Vor allem in Krisen sollten wir uns verstärkt auf vorhandene Ressourcen stützen: Die Eltern, das Kind oder das Team dort abzuholen, wo es sich befindet, bedeutet, jene Aspekte hervorzuheben,

- die gut funktionieren;
- wo ein Konsens, d. h. ein gemeinsames Wirklichkeitsmodell, zu beobachten ist;
- wo wir die Familie durch unsere Tätigkeit entlasten.

Im Einzelfall mag das der Umstand sein, dass ich als Helfer überhaupt bei der Haustür hineingelassen werde. Jenes Vertrauen, das ich in die Selbstheilungskräfte der Familie habe, muss ich auch gegenüber mir selbst haben. Es ist jedoch nicht immer leicht, den Konflikt zu ertragen, dass wir es besser zu wissen glauben und uns hilflos fühlen, wenn unsere Hilfsangebote nicht in unserem gewünschten Maß angenommen werden. Partner in der Frühförderung können Angebote auch ablehnen.

Fragen der Selbstevaluation 3:

a) Welche Rollen schreibe ich den Eltern zu, welche werden mir zugeschrieben?

b) Welche Handlungsaufforderungen (=Funktionen) erkenne ich aus den unterschiedlichen Rollenzuschreibungen?

c) Was kann ich dazu beitragen, dass Eltern sich als Partner im Frühförderprozess verstehen?

d) Wie gehe ich/meine Institution mit Grenzen der Partnerschaftlichkeit um?

e) Inwiefern sind in meinem persönlichen/institutionellen Konzept klar definierte Phasen der Frühförderung beschrieben?

f) Was ist mein persönlicher/unser institutioneller Minimalkonsens in Bezug auf den Prozess der Frühförderung?

4 Die Eingangsphase: Kontakt und Beziehung

4.1 Erstkontakt

Der Erstkontakt ist die Visitenkarte jedes sozialen Service. Wie sich eine Organisation im Erstkontakt präsentiert, entscheidet über ihre Bewertung und die Annahme des Angebotes. Die meisten Menschen, die sich an eine Frühförderstelle wenden, sei es dass sie von anderen Institutionen überwiesen wurden oder aus Eigeninitiative kommen, befinden sich im hohen Maße in einer Stresssituation. Immer wenn weitere spezialisierte Stellen eingeschaltet werden, ist dies für die Eltern ambivalent: einerseits weil sie annehmen, dass das Problem dadurch bedrohlicher wird, andererseits weil sich auch Hilfsmöglichkeiten und Hoffnung eröffnen.

Der erste Kontakt mit der Frühförderstelle muss alles dazu beitragen, eine angstfreie Atmosphäre zu schaffen. Das bedeutet vor allem, zuhören zu können und auf die Bedürfnisse der Eltern einzugehen. Alle Informationen, die für die Fachkraft selbstverständlich sind, müssen hintangestellt werden. Nichts darf als selbstverständlich angesehen werden. Der Ratsuchende mit seinen Fragen steht im Zentrum des Gesprächs. Meist haben Menschen, die sich an die Frühförderstelle wenden (müssen), noch nie in ihrem Leben davon gehört. Sie müssen am Telefon mit einer völlig fremden Person über ihre Sorgen sprechen. Immer bleibt auch die Hoffnung, dass das Angebot möglicherweise nicht notwendig ist.

Auch der Name einer Einrichtung kann zur Schwelle für Eltern werden. Institutionen, die den Aspekt der Behinderung hervorstreichen (z. B. Haus für entwicklungsgestörte Kinder), haben für Eltern höhere Zugangsschwellen als Organisationen, die Hilfsangebote hervorheben. Ein Zentrum für „Entwicklungsförderung" ist weniger bedrohlich als eine Klinik für „Defektologie" – ein Ausdruck, der vor allem in osteuropäischen Staaten noch häufig verwendet wird. Trotz „Corporate Identity"-Diskussionen in vielen Trägerorganisationen wirkt das Etikett „Behinderung" im Erstkontakt eher kontraproduktiv: Sich an ein „Blindeninstitut" zu wenden erfordert mehr Überwindung als Organisationen aufzusuchen, deren Namen Positives versprechen (z. B. die litauische Behindertenorganisation „Hoffnung"). Aus diesem Grund ist es nicht immer sinnvoll, neu zu gründende Frühförderstellen an große behindertenzentrierte Trägerorganisationen anzubinden.

Ähnlich wie in vielen anderen Organisationsstrukturen erfolgt der Erstkontakt paradoxerweise nicht immer mit den Fachleuten, sondern mit anderen Angestellten der Frühförderstelle, die z. B. mit Telefondienst betraut sind. In diesem Fall sollten die Mitarbeiter in Gesprächsführungstechniken geschult werden:

– Vorstellen des eigenen Namens und der Institution: Eltern möchten wissen, mit wem sie sprechen: *„Grüß Gott, ich bin Frau Mayer, Leiterin der Frühförderstelle".*
– Präsentieren der wichtigsten Leistungen des Service: Für den Anrufer vermittelt dies Klarheit, ob die Institution zuständig ist: *„Wir bieten Frühförderung*

und Beratung für Eltern, die sich Sorgen um die Entwicklung ihrer Kinder machen. Frühförderung ist ein kostenloser Service zur Entwicklungsförderung für Kinder und Eltern."
- Beschreiben der Funktion und der Situation: Können Rahmenbedingungen zum gegebenen Zeitpunkt geschaffen werden, damit sich der Anrufer wohl fühlt? *„Ich habe jetzt Zeit für Sie, um mit Ihnen telefonisch abzuklären, wie wir Ihnen weiterhelfen können."*
- Informationen einholen und geben: Die Sorgen und Fragen der Eltern werden erhoben: *„Worüber machen Sie sich Sorgen, wer hat Sie an uns verwiesen?"*
- Abklären von Aufträgen und gewährleisten, dass der Prozess nachvollziehbar bleibt: *„Es wird notwendig sein, dass wir uns zu einem Gespräch treffen. Wann ist es für Sie günstig?"*

Ähnliches betrifft Situationen, wenn sich Interessierte unangemeldet an die Frühförderstelle wenden. Geschützte Rahmenbedingungen zu schaffen und den Kommunikationsfluss zu sichern stellen oberste Gebote des Erstkontaktes dar (siehe Abbildung 3).

4.1.1 Strukturbedingungen des Erstkontaktes

Erreichbar zu sein und den vorhandenen Zeitrahmen zu definieren sind Grundvoraussetzungen: Wann sind wir zu erreichen, wie viel Zeit habe ich für den Ratsuchenden? Es ist nicht notwendig, sofort Lösungen zu finden, vor allem wenn Eltern große Belastung schildern. Falls die Rahmenbedingungen nicht optimal sind (in Situationen mit Zeitstress wie z. B. während Teambesprechungen, zwischen Betreuungseinheiten u. a.) sollten Strukturen geschaffen werden, in denen sich der Klient oder Anrufer der vollen Aufmerksamkeit seines Gesprächspartners sicher sein kann: *„Ich bin jetzt gerade in einer Teambesprechung, kann ich Sie zurückrufen?"* In den seltensten Fällen erscheint Gefahr im Verzug, so dass unmittelbar gehandelt werden muss. Wenn angstfreie Rahmenbedingungen vorhanden sind, wird dies von den Eltern als Signal der Kompetenz und Professionalität angesehen. Dies umfasst

- Klarheit der Zeitstruktur,
- Klarheit über die Funktion des Gesprächspartners,
- Vermeiden von Ablenkung und von Hintergrundgeräuschen,
- Lenkung des Gespräches.

Ein telefonischer Rückruf zu einem definierten Zeitpunkt ist besser als ein Gespräch unter Zeitdruck oder ungünstigen Bedingungen.

Mobiltelefone erleichtern zwar die Erreichbarkeit, behindern jedoch geschützte Kommunikationsräume: Ich glaube, sofort reagieren zu müssen. Dadurch mag es der Fachkraft schwerer fallen, ein Gespräch zu steuern. Technische Möglichkeiten (Anrufbeantworter) erhöhen zwar die Schwelle für den Anrufer, ermöglichen jedoch der Fachkraft, die kommunikativen Rahmenbedingungen besser zu lenken: Ein Rückruf kann z. B. nach Rücksprache im Team erfolgen.

Wie die Frühförderstelle ihre Zielgruppe erreicht, ist eine Frage der Öffentlich-

Tabelle 8: Beispiel für „Telefon- oder Erstkontaktbuch"

Telefonat mit	Datum	entgegengenommen von	Anlass	offene Aufträge	Sonstiges	Erledigt

keitsarbeit und soll hier nicht behandelt werden. Die meisten Qualitätssicherungssysteme (TQM etc.) legen gerade auf diese Fragen großen Wert. Wenn ein Klient sich an die Frühförderstelle gewandt hat, muss jedoch gewährleistet sein, dass dieser Kontakt nicht verloren geht. Dies kann mittels einer Eintragung von Telefonaten in ein „Telefonbuch" erfolgen (siehe Tabelle 8).

4.1.2 Prozessbedingungen

Der Erstkontakt schafft Rahmenbedingungen für den weiteren Kommunikationsablauf. Dies geschieht im häufigsten Fall mittels Telefonat, bisweilen wenden sich Eltern auch direkt an die Frühförderstelle. Das in Abbildung 3 dargestellte Ablaufdiagramm ist dann analog anwendbar.

Sozialpsychologisch entscheidet der erste Eindruck maßgeblich, wie eine Situation oder ein Gesprächspartner bewertet wird: „Das Gespräch war entlastend, ich habe mich wohl gefühlt." Der strukturierte Beginn eines Erstkontaktes stellt – überspitzt formuliert – bereits den halben Weg der Frühförderung dar.

Da sich die Informationsverarbeitung beim Telefonat auf den akustischen Kanal reduziert, sind Genauigkeit der Wortwahl und die Strukturiertheit des Ablaufes wichtig. Nur 20–30 % der Informationen, die über den akustischen Kanal eintreffen, werden erinnert. Vom Anrufer darf nicht vorausgesetzt werden, dass er über Vorinformationen verfügt. Es liegt in der Verantwortung der Pädagogin, dass jene Informationen fortbestehen, die als bedeutsam erachtet werden. Das mag eine Terminvereinbarung betreffen, weitere im Vorfeld zu klärende Schritte oder die Zusendung von Informationsmaterial. In der Alltäglichkeit der Arbeit ist für die Fachkraft vieles selbstverständlich, was für die Eltern völlig neu ist (und möglicherweise auch als bedrohlich interpretiert wird).

4.1.3 Das Ergebnis des Erstkontaktes

Das Ergebnis des Erstkontaktes kann organisatorisch unterschiedlich aussehen: Ein Termin wird vereinbart, ein Erstgespräch schließt an, weitere diagnostische Abklärungen sind notwendig, die Fachkraft verweist an eine andere zuständige Stelle, sendet Informationsmaterial zu oder führt übernommene Aufträge aus. Für die Frühförderstelle muss gewährleistet sein, dass offene Handlungsbogen

42 Die Eingangsphase: Kontakt und Beziehung

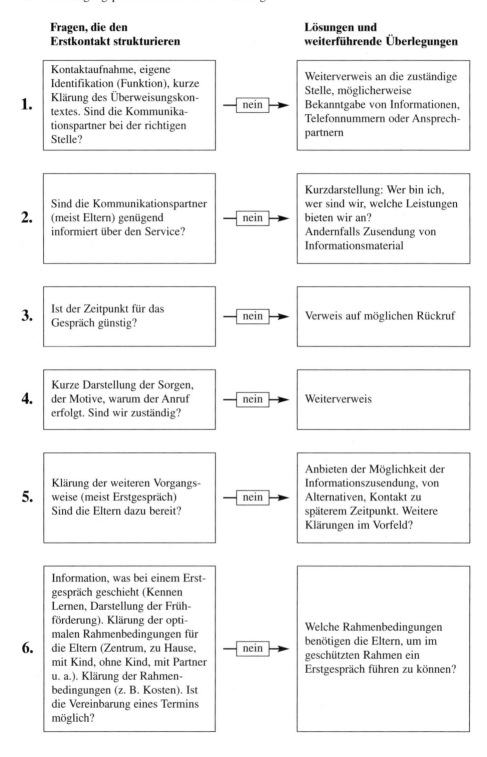

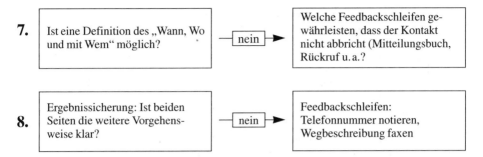

Abbildung 3: Prozessablauf des Erstkontaktes

abgeschlossen werden. Dies kann auch den Abbruch des Kontaktes beinhalten, weil die eigene Institution nicht zuständig ist oder die Eltern an Frühförderung nicht interessiert sind.

Weil beim Erstkontakt vielfältige Informationen geboten werden, ist die Ergebnissicherung eminent wichtig. Meist bleiben fünf bis sechs Informationen im Gedächtnis. Methodisch können aktives Zuhören, Nachfragen oder „Sicherheits-Feedbackschleifen" angewandt werden: *„Wenn ich Sie richtig verstanden habe, meinen Sie…" „Was ist für Sie an wichtigen Informationen geblieben?" „Darf ich noch einmal wiederholen?" „Wie kann ich Sie erreichen, falls sich etwas als unklar erweist?"* Mittels strukturierter Dokumentation sichert auch die Fachkraft übernommene Handlungsaufträge (siehe Tabelle 8).

4.2 Erstgespräch

Das Erstgespräch hat die Funktion, persönlichen Kontakt zwischen den Eltern, dem Kind und den Experten der Frühförderung einzuleiten. Dies kann im Rahmen eines mobilen Erstbesuches in der Familie erfolgen, aber auch durch eine Reihe von ambulanten Untersuchungen in der Frühförderstelle. Für die Fachkräfte ist dieses Erstgespräch der Beginn einer Beziehung, die vorerst auf das Sammeln bedeutsamer Informationen abzielt. „Bedeutsamkeit" bezieht sich in diesem Zusammenhang auf die Frühförderstelle. Für die Eltern können zu diesem Zeitpunkt ganz andere Fragen bedeutsam sein. Zugespitzt formuliert: Sozialer Service würde für sich selbst viel besser funktionieren, wenn man ohne Kunden arbeiten könnte (Scheer 1998).

Für die Eltern und das Kind stellen solche Erstgesprächssituationen möglicherweise eine „Wiederholung von Wiederholungen" dar. Sie waren bereits beim Hausarzt, bei einer Beratungsstelle, in der Kinderklinik u. a. und wurden meist ähnlich befragt. Häufig ist ein gewisser Ermüdungsprozess zu beobachten, Informationen immer und immer wieder vermitteln zu müssen.

44   Die Eingangsphase: Kontakt und Beziehung

Exkurs: Wiederholungen und berufliche Scheinwerfermodelle
Der Kinderarzt folgt seinem pädiatrischen Erstgesprächsleitfaden: körperliche Entwicklung des Kindes, Ernährung, Kinderkrankheiten, Impfungen, Status...
  Die psychologische Anamnese erfasst Leistungsparameter: Entwicklungsstand, sozial-emotionale Entwicklung...
  Physiotherapeutische Diagnostik erhebt bedeutsame Faktoren der grob- und feinmotorischen Entwicklung...
  Die Heilpädagogin beschreibt den Lebensalltag der Familie, die Interessen und Stärken des Kindes...
  Jede Berufsgruppe erfasst nur jene Wirklichkeit, die sie mit ihren berufsspezifischen Wahrnehmungsinstrumenten erfassen kann. Die im diagnostischen Prozess erhobenen Daten beziehen sich im besten Fall auf eine ähnliche Wirklichkeit. Sie hängen jedoch mehr von den „Scheinwerfern" der unterschiedlichen Berufsgruppen als von der Lebenswirklichkeit der Familie ab (Popper 1974). Deshalb darf es auch nicht verwundern, zu welch unterschiedlichen Einschätzungen die Experten kommen. Alle Beteiligten handeln jedoch nach bestem Wissen und Gewissen zum Wohl der Familie oder des Kindes. (Siehe Abb. 4)
  Unterschiedlichkeit ist sinnvoll, denn sie ermöglicht Kommunikation und Veränderung. Wo keine Veränderungsmöglichkeit gesehen wird, kann keine Entwicklung erfolgen. Das Schlagwort heißt „Transdisziplinarität". Transdisziplinäres Arbeiten bedeutet, Informationen aus unterschiedlichen Disziplinen zu einem Bild zusammenzufügen und gemeinsame Handlungsstrategien zu entwickeln. Dies erfordert,

a) die Sprache und die Person des anderen zu respektieren und ebensolchen Respekt einzufordern,
b) über eigene berufliche Vorstellungen und Vorurteile kommunizieren zu können und
c) gemeinsame Handlungsziele und Schritte zu beschreiben.

Multidisziplinäres Arbeiten war der Ausgangspunkt für multidimensionale Fragestellungen in der Frühförderung. Auf parallelen Ebenen entschieden und handelten unterschiedliche Berufsgruppen: Der Kinderarzt stellte die pädiatrische Diagnose und den ärztlichen Behandlungsplan; die Sonderpädagogin ihre erzie-

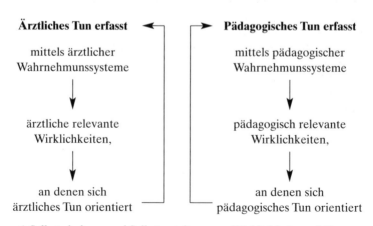

Abbildung 4: Selbsterhaltung und Selbstgestaltung von Wirklichkeitsmodellen

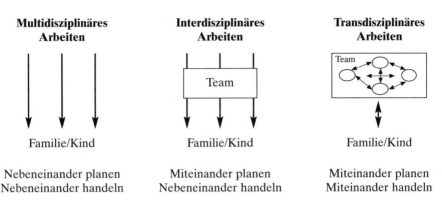

Abbildung 5: Modelle multidisziplinären, interdisziplinären und transdisziplinären Arbeitens

herischen Ziele usw. Eine Weiterentwicklung stellte interdisziplinäre Zusammenarbeit dar: Auf der Basis berufsspezifischer Diagnoseschemata wurden im Team einzelne Interventionsstrategien erarbeitet, diskutiert und koordiniert sowie jeweils nebeneinander ausgeführt.

Transdisziplinäres Arbeiten zeichnet sich dadurch aus, dass Teamressourcen sowohl bei der Informationsgewinnung als auch bei der Informationsverarbeitung genutzt werden (Goll 1996). Eine solche Zusammenarbeit basiert darauf, dass Teamarbeit qualitativ immer etwas anderes ist als die Einzelleistung: Die gemeinsame Diagnoseerstellung des Arztes mit der Pädagogin ergibt mehr Information als die jeweils einzelne Erhebung. Transdisziplinarität bezieht sich nicht auf die Kommunikation zwischen den Fachkräften, sondern auch auf das eigene Berufsverständnis. Dies bedeutet, dass auf der Basis des gemeinsamen Planungsprozesses ein Arzt auch angrenzende Bereiche (z. B. Sozialberatung) abdecken kann oder dass eine Frühförderin die Fallführung übernimmt. Transdisziplinäres Arbeiten erfordert koordinierende Prozesse und Entscheidungsstrategien im Team, damit sowohl für die Fachleute als auch für die Eltern geklärt wird, wer welche Handlungsaufträge übernimmt (Abbildung 5).

Transdisziplinäres Vorgehen bedeutet auch, einen Hauptansprechpartner zu haben. Gerade eine solche hauptverantwortliche Begleitung wird von Eltern als sehr unterstützend erlebt. Es muss jedoch gesichert sein, dass Information zu einem gemeinsamen „Ressourcenpool" für die Experten wird. Im Idealfall können der Datenerhebungs- und der Handlungsprozess gemeinsam durchgeführt werden. Der Förder- und Reflexionsprozess mit weiteren Experten ist immer qualitätsfördernd.

Meist sind sich die Fachleute jedoch kaum bewusst, dass Eltern diagnostische Prozesse mehrmals durchlaufen. Es ist daher wenig erstaunlich, wenn Eltern eine gewisse „Erstgesprächsmüdigkeit" zeigen und nach jedem Gespräch Informationen „abbröckeln": „Aber bei mir haben die Eltern dies oder jenes nicht erwähnt und ganz etwas anderes erzählt!"

4.2.1 Strukturbedingungen der Erstgesprächssituation

Um Eltern die Erstgesprächssituation zu erleichtern, sollten klare Strukturen vorhanden sein: Wie organisieren wir die Eingangsphase in der Frühförderstelle, dass Informationen nicht mehrfach erhoben werden und wir trotzdem zu einem gemeinsamen Bild der Wirklichkeit kommen? Dies kann durch die Zuständigkeit eines „Case-leaders" (Verantwortlichen für den Prozess) geschehen. Terminologisch erscheint der Begriff der „Fallführung" sehr abwertend (auch wenn er in Europa in der Frühförderung gerade modern wird). Keine Familie ist gerne ein „Fall", sondern möchte in ihrer Individualität angesehen werden. Sofern die Anamnese transdisziplinär erfolgt, liegt der Hauptschwerpunkt nicht sosehr in der Sammlung der Informationen, sondern in der Frage, wie aus ihnen ein bedeutsames „Bild" oder Beziehungsgefüge entsteht. Es ist sowohl kostengünstiger als auch weniger belastend, wenn der Kinderarzt, die Frühförderin und die Physiotherapeutin ein Erstgespräch mit den Eltern gemeinsam führen: Eine Kollegin konzentriert sich auf den Kontakt mit den Eltern, eine weitere nimmt z. B. Beziehung zum Kind auf, eine dritte beobachtet die Interaktion. Nur wenn eine solche Situation vorstrukturiert ist, fühlen sich die Eltern sicher und angstfrei.

- Ist für beide Gesprächspartner der Zeitrahmen definiert?
- Findet das Gespräch an einem vorbereiteten „geschützten" Ort statt? Werden Telefonate nicht weitergeleitet, ist Spielmaterial für das Kind vorhanden? In welchem Setting wird das Erstgespräch überhaupt geführt?
- Liegt ein vorbereiteter Gesprächsleitfaden vor: Sind notwendige Formulare, Anamnesebogen griffbereit?

Die Erstgesprächssituation ist jener Interpretationsrahmen, vor dessen Hintergrund Frühförderung langfristig bewertet wird. Dies betrifft auch die Wahl der Fachkraft, die diesen Prozess leiten soll. Das Erstgespräch durch die Leiterin der Frühförderstelle durchführen zu lassen und eine andere Fachkraft mit der Förderarbeit zu betrauen, kann Vorstellungen über Hierarchie und Kompetenz schaffen. Gerade in der Kontaktphase sollte so wenig wie möglich Energie an Vorstellungen und Phantasien gebunden werden.

Die Erstgesprächssituation bedarf des Trainings und sollte sowohl in der Frühförderstelle videosupervidiert als auch in Aus- und Fortbildungen geübt werden. Die Gefahr liegt darin, gerade in solchen Situationen, von „Selbstverständlichkeiten" auszugehen, die jedoch für Eltern in dieser Situation keineswegs selbstverständlich sind. Klarheit zu schaffen erfordert gute Vorbereitung, die teilweise durch die jeweilige Neuheit der Situation und unerwartete Fragen immer wieder herausgefordert wird. Ein Potpourri authentischer Fragen möge auf das Stresspotential im Erstgespräch hinweisen:

> *Wird mein Kind den Führerschein machen können?*
> *Ist mein Kind geistig behindert?*
> *Wird meine Nachbarschaft von der Frühförderung erfahren?*
> *Wird mein Kind die Sonderschule besuchen müssen?*
> *Was passiert mit meinen Daten und dem Etikett „Behinderung" im Amt?*
> *Muss ich bei der Betreuungseinheit dabei sein?*

Haben Sie eigene Kinder?
Sind Sie nicht sehr jung für Ihre Arbeit?
Haben Sie bereits mit einem „solchen" Kind (Syndrom) gearbeitet?
Was halten Sie von dem Medikament XY, das Dr. XY meinem Kind verschrieben hat?
Meine Nachbarin hat gemeint, ich solle lieber zum Homöopathen gehen, was meinen Sie?

4.2.2 Prozessbedingungen

Ziel des Erstgespräches ist es, Rahmenbedingungen für den weiteren Kommunikationsablauf zu schaffen. Dies erfolgt meist in der Frühförderstelle mittels direktem Kontakt (Abbildung 6).

Frühförderinnen schildern häufig Skepsis gegenüber strukturierten Ablaufdiagrammen: Warum so viel Zeit verwenden, sich persönlich vorzustellen, den Überweisungsmodus zu klären, das eigene Frühfördermodell zu präsentieren? Sowohl Eltern als auch das Kind oder anwesende Geschwister haben ein Anrecht zu wissen, mit wem, in welcher Funktion sie in welcher Institution über sehr sensible persönliche Themen, wie z. B. die Behinderung eines Kindes, sprechen. Für die Eltern muss es auch zu jedem Zeitpunkt des Gespräches möglich sein, Wünsche und Fragen stellen zu können bzw. Unklarheiten anzusprechen. Die Gesamtgesprächsleitung durch die Frühförderin wird dadurch nicht berührt.

Gerade die Abklärung des Überweisungszusammenhanges unterstützt die Frühförderin bei der möglichen Beantwortung unerwarteter Fragen. Bei möglichen bedrohlichen Prognosen (geistige Behinderung u. a.) ist es unbedingt notwendig, an bereits vorhandene Informationen anzubinden: „Was hat der Kinderarzt gesagt, was haben Sie schon alles probiert?" Indem die Frühförderin ihr eigenes Förderkonzept, ihre Funktion und Ausbildung, begleitende Dienste und Teamstrukturen vorstellt, erhalten Eltern Klarheit über die Kompetenz der Frühförderin und über eigene Erwartungen. Häufig betreffen diese Fragen Erfahrungen mit dem „Syndrom", die Kindererziehung oder das Lebensalter der Fachkraft, das mit Kompetenz assoziiert wird: „Sie sind nicht ein wenig zu jung für diesen Beruf?"

Der zeitliche Rahmen in der Beratungssituation ist für die Fachkräfte meist vorgegeben: Eine bis eineinhalb Stunden sind für eine Phase des Ankommens, des Vorstellens, der Frageformulierung, der Lösungserarbeitung und des Beendens geplant. Gerade diese zeitliche Strukturierung und das Prozesswissen (warum sind wir hier und was wird passieren) werden von den Fachkräften meist als selbstverständlich erachtet. Häufig sind es nonverbale Botschaften, die dem Gesprächspartner verdeutlichen: Jetzt ist die Beratungseinheit zu Ende. Dies kann je nach Zeitbudget und Beratungskonzept zehn Minuten umfassen oder zwei Stunden. Oft geben Eltern gerade am Ende der Gesprächssituation bedeutsame Informationen: „Also, ich wollte Ihnen noch sagen, dass..." Einerseits fühlen sich Eltern erst nach einer gewissen Zeitspanne in der Beratungssituation „sicher". Andererseits kann ein solches Ansprechen heikler Situationen am Ende der Beratungseinheit auch als Versuch interpretiert werden, das drohende Ende der Einheit hinauszuschieben. Außer im Falle der Selbst- oder Fremdgefährdung ob-

48 Die Eingangsphase: Kontakt und Beziehung

	Fragen, die das Erstgespräch strukturieren		**Lösungen und weiterführende Überlegungen**
1.	Begrüßung, Vorstellen, Anbinden an die Situation im Hier und Jetzt (z. B. ob die Frühförderstelle leicht gefunden wurde). Schaffung sicherer Rahmenbedingungen möglich?	Nein →	Neuer Termin (z. B. aufgrund eines Notfalles, Erkrankung des Kindes u. a.)
2.	Beschreibung der Funktion der Gesprächsführenden, der Frühförderstelle und des allgemeinen Ziels des Erstgespräches (Kennen lernen, Vorstellen der Frühförderung), Platz für Fragen. Ist eine Übereinkunft über den Zeitrahmen und generelle Ziele möglich?	Nein →	Neuer Termin, sofern offene Fragen nicht geklärt werden können. Bei fehlender Motivation Verweis auf Freiwilligkeit und Abklärung, welche Entscheidung für die Familie unterstützend sein könnte.
3.	Hinweis auf die Notwendigkeit der Dokumentation, Einverständnis, dass Daten erhoben werden.	Nein →	Möglichkeit der anonymen Beratung (falls dies von Seiten der Finanzierenden möglich ist).
4.	Klärung des Überweisungskontextes: Wie sind Sie zur Frühförderstelle gekommen, wer hat Sie überwiesen, welche Informationen wurden über die Frühförderung gegeben? Gibt es eine Gesprächsbasis über die Vorstellungen?	Nein →	Hinsichtlich der Bilder gibt es keine Übereinstimmung und keine Gesprächsbasis: Neuer Termin für Klärungen oder Reflexionszeit, andernfalls Abbruch. Bei unterschiedlichen Bildern und Motivation zu einem Gespräch: Information über Frühförderung.
5.	Vorstellen des Konzept „Frühförderung" (je nach Gestaltung der Frühförderstelle). Was ist Frühförderung? Wie arbeitet sie? Was sind die Minimalvoraussetzungen der Arbeitsbasis? Welche administrativen Schritte sind notwendig? Können sich die Eltern eine solche Art Förderung unter den gegebenen administrativen Voraussetzungen vorstellen?	Nein →	Frage nach Alternativen

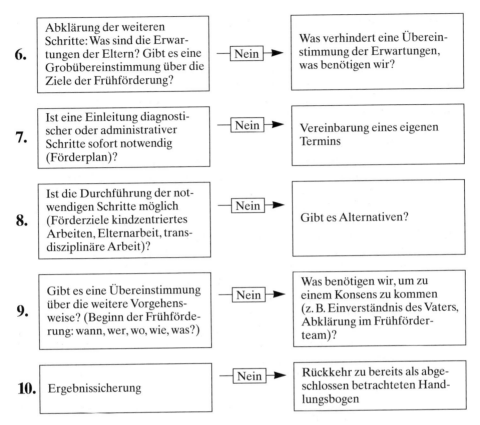

Abbildung 6: Prozessablauf des Erstgesprächs

liegt es dem Berater, ein solches Angebot anzunehmen oder auf den nächsten Termin zu verweisen. Generell gilt, dass alles Selbstverständliche, das nicht geklärt wurde, meist dann im Förderprozess als Frage auftaucht, wenn die Basis der Arbeitsbeziehung in Frage gestellt wird. Dies betrifft auch die meist nicht ausgesprochene Selbstverständlichkeit, Gespräche zu dokumentieren oder Informationen einzuholen.

Beinahe alle Eltern willigen ein, dass Fachkräfte Gesprächsnotizen machen. Dokumentation ist notwendig, um den Frühförderprozess transparent zu machen. Trotzdem sollten alle Eltern das Recht haben, Unterlagen, die das Kind oder die Frühförderung betreffen, einsehen zu können. In vielen Frühförderstellen erfolgt die Datensammlung mittels strukturierter Formulare oder Anamnesebogen. Jedes Erstgespräch, das sich nur auf das systematische Abfragen von Daten beschränkt, wird von Eltern als wenig persönlich und gewinnbringend erlebt. Auch wenn strukturiert Daten erhoben werden müssen, sollte dies im Gespräch erfolgen. Eltern sollen nicht nur die Möglichkeit haben, ihr Problem darzustellen, sondern auch ihren Lebenszusammenhang zu beschreiben.

Bisweilen verfügen Frühförderinnen über Vorinformationen: Ein ärztlicher Befund liegt vor, eine Sozialarbeiterin hat telefoniert und über die Familie berichtet. Eltern haben ein Recht zu erfahren, was Experten wissen: „Ich verfüge über diese und jene Information." Dieser Informationsfluss ist vornehmlich vom Gesprächsleitenden zu gestalten: Manipulative Strategien (Ich weiß etwas, was Du nicht weißt, aber ich sage es Dir nicht.) beantworten keine Fragen, sondern befriedigen meist persönliche Bedürfnisse nach Sicherheit. Die offene Frage für die Eltern taucht im Förderprozess meist zum unpassendsten Augenblick wieder auf: „Dokumentieren Sie eigentlich den Förderprozess und was geschieht mit den Daten?"

Im Bereich der Frühförderung bei Kindern mit sozialen Risiken (Vernachlässigung, Missbrauch, Multiproblemfamilien) gilt dieser Grundsatz der Transparenz noch in viel stärkerem Maß. Häufig wird vom Jugendamt der verdeckte Auftrag an die Frühförderinnen erteilt, „soziale Kontrollfunktionen" zu übernehmen. Teilweise wenden Sozialarbeiterinnen in positiver Absicht Frühförderung als Alternative zur drohenden Fremdunterbringung eines Kindes an. Aus der Sicht der überweisenden Stelle (Jugendamt) ist das durchaus verständlich, als Arbeitsbasis für die Frühförderin jedoch kontraproduktiv, da sich die Frühförderin in einer Beziehungsfalle befindet: Sie soll als Vertrauensperson mit der Familie arbeiten und gleichzeitig Kontrollfunktionen ausüben. In diesem Überweisungszusammenhang ist es die Aufgabe der Frühförderin, deutlich hervorzuheben, welche Aufträge sie annehmen kann, welche sie jedoch nicht annimmt, da dadurch ihre Arbeitsbasis gefährdet würde. Es wird nicht in jedem Fall möglich sein, alles zu klären. Gerade bei der Frühförderung behinderter Kinder bleibt vieles offen, z. B. meist die Frage der Prognose. Unklarheit ist nicht generell verletzend, meist wird sie jedoch zum vermeintlichen Schutz des Klienten eingesetzt und kann dann eine manipulative Strategie sein. Klarheit vermittelt Sicherheit und die Möglichkeit, sich auf der Ebene respektvoller Kommunikation auseinander zu setzen. Sie erlaubt dem Gegenüber, Stellung zu nehmen.

Schließen sich die strukturierte Durchführung einer Erstgesprächssituation und das einfühlsame Eingehen auf die Sorgen und Hoffnungen der Eltern aus? Nein, die Klarheit der Struktur eröffnet Sicherheit für die Eltern: In einer gesteuerten Gesprächssituation erhalten die Eltern das Gefühl von Professionalität: Struktur verhindert vor allem, dass die Frühförderin mit eigenen „Überlebensstrategien" in belastenden Situationen reagieren muss (Pretis 1999b). Stressreaktionen haben meist zum Ziel, eigene (narzisstische) Bedürfnisse zu befriedigen, nicht jedoch auf die Fragen des anderen einzugehen: Dies betrifft vor allem Fragen nach der eigenen Kompetenz (Kann ich das überhaupt?), nach eigenen existenziellen Grundbedürfnissen (Benötige ich Klienten, um meine weitere Anstellung zu sichern?) oder des sozialen Vergleiches (Die anderen können dies besser.). Fachleute im Team zu „spalten" (manche Mitglieder des Teams sind für die Erstgesprächsführung, andere für die Diagnostik, dritte für die konkrete Förderung zuständig) ist nicht zielführend, da Eltern dadurch verunsichert werden. Es kann leicht der Eindruck entstehen, die Frühförderstellenleiterin sei kompetenter, die ausführende Fachkraft weniger kompetent.

Falls ein mehrstufiger diagnostischer Prozess erforderlich ist, benötigen Eltern vor allem Prozesswissen: Was wird wann mit welchem Ziel geschehen? Als Entlastung der Eltern können notwendige Vorarbeiten (z. B. Antragsformulare einholen) bereits vorweg geklärt werden. Trotz der pädagogischen Unsinnigkeit, bereits nach dem Erstgespräch Förderpläne oder Förderziele formulieren zu müssen, ist es in vielen Stellen aus Gründen der Finanzierung notwendig, bereits beim Erstgespräch Förderziele aufzustellen. Dafür sind diagnostische Prozesse notwendig, die, wie in Kapitel 5 beschrieben, mindestens acht Betreuungseinheiten (d. h. meist einen Zeitraum von zwei Monaten) umfassen. In der Erstgesprächssituation bleibt höchstens eine halbe Stunde Zeit, um mit dem Kind zu arbeiten. Darüber hinaus befindet sich das Kind in einer fremden Situation, so dass nur grobe Ziele formuliert werden können. Dazu werden vor allem Berichte der Eltern benötigt. Zwei Aspekte müssen hervorgehoben werden:

1) Eine solche Grobplanung hat für die Bewertung der Frühförderung bei den Eltern oder dem Kind wenig Aussagekraft. Der immer stärker geforderte Aspekt nach Evaluation wird gerade durch eine solche Praxis ad absurdum geführt. Zielformulierungen, die auf einem halbstündigen Diagnoseprozess basieren, können nicht mehr als generellen Leerformelcharakter aufweisen. Dies sei an einem Beispiel aus der Sehfrühförderung dokumentiert:

> **Förderplan Christine:**
> a) Kindorientierte Ziele: Förderung der lebenspraktischen Fähigkeiten, Förderung des kompensatorischen Einsatzes der weiteren Sinne.
> b) Elternarbeit: Information über die Behinderung, Unterstützung im Verarbeitungsprozess, Information über eine adäquate Gestaltung der Lebensumwelt des Kindes
> c) Transdisziplinäre Arbeit: Gemeinsames Treffen zur Absprache der Vorgangsweise.

Unter diesem Förderplan kann alles und nichts verstanden werden. Solche allgemeinen Zielformulierungen kommen den Frühförderstellen und den Eltern auch entgegen, da dadurch die Kontrolle für die zuerkennenden Stellen erschwert wird. Interventionspläne, die für die Selbst- oder Fremdevaluation sinnvoll sein sollen, müssen auf einer detaillierten Förderdiagnostik aufbauen (siehe Kapitel 5.3 Abbildung 18).

2) Häufig ist bei solch verkürzten Förderplänen die Tendenz zu beobachten, Förderziele vor allem für das Kind zu formulieren: Wahrnehmung, Grob- und Feinmotorik, Sprache, sozial-emotionale Entwicklung, Selbständigkeit. Das Ausklammern von Elternarbeit und transdisziplinärer Arbeit birgt die Gefahr, dass jene Kinder aus der Frühförderung ausgeschlossen werden, bei denen aufgrund des Schweregrades der Behinderung wenig spektakuläre Ergebnisse gerade in den oben beschriebenen Entwicklungsdomänen zu erwarten ist.

„Eine Frühförderung aber, die schwerst geschädigte Säuglinge und Kleinkinder in einer sinnvollen Weise erziehen und bilden will, muss im wirklich gelebten Alltag verankert sein und die stabilisierenden Hilfen anbieten, die auf längere Sicht dem Kind (und der Familie, Anm. des Verf.) die Möglichkeit eröffnen, seine Fähigkeiten zu differenzieren." (Praschak 1999, 86).

Dies kann nur im jeweils familiären Umfeld geschehen, und zwar indem die Eltern unterstützt werden, entwicklungsförderliche Rahmenbedingungen zu schaffen. Eine rein kindzentrierte Förderdiagnostik bietet für die Kostenträger argumentative Angriffspunkte, die Effizienz von Frühförderung in Frage zu stellen.

Dass Fachleute im Bereich der frühkindlichen Entwicklung aufgrund ihrer kindzentrierten Ausbildungen ihre Wahrnehmung eher auf das Kind und weniger auf die Familie konzentrieren, erklärt diese Wahrnehmungs- und Sprachpräferenzen, entschuldigt sie jedoch nicht. Sprache schafft Wirklichkeit (Watzlawick 1995) und nachvollziehbare Wirksamkeit. Somit sind auch sprachliche Mittel notwendig, die familiäre Situation so zu beschreiben, dass eine solche Darstellung auch den Eltern selbst vorgelegt werden könnte.

Abbildung 7 beschreibt ein mögliches Modell eines groben Zielformulierungsprozesses, das auch als administratives Evaluationsinstrument verwendet werden kann: Bei der Bewertung der Aktivitäten und der Ziele können auch förderliche und hinderliche Faktoren angeführt werden: Was hat es verhindert, dass wir unsere Ziele erreichen konnten? Welche Aspekte waren förderlich? Förderpläne in Kombination mit Prozessbeschreibungen und Reflexion müssen vornehmlich selbstbezüglich sein: Individuelle Zielerreichungsprozesse können im Bereich der sozialen Arbeit nur an individuellen Handlungsplänen gemessen werden (Abbildung 7).

Die Anzahl der durchzuführenden Prozessschritte während eines Erstgesprächs verdeutlicht, dass es meist notwendig ist, den Zielerarbeitungsprozess sehr gut zu strukturieren bzw. auf mehrere Termine aufzuspalten. Häufig fühlen sich Eltern, die das erste Mal mit Frühförderung konfrontiert sind, von der Fülle der Informationen erdrückt. Meist sind es Mütter, die sich an die Frühförderstelle wenden oder mit dem Kind vorstellig werden. Entscheidungen über Frühförderung bedürfen jedoch auch der Absprache mit weiteren Familienmitgliedern. Da nur noch in einer von sieben Familien der biologische Vater, die biologische Mutter und das gemeinsame Kind zusammenleben, ist es angebrachter, von männlichen Erziehungsberechtigten zu sprechen. Gerade diese sind gegenüber heilpädagogischen Interventionen skeptischer bzw. befürchten stärkere Stigmatisierungen durch den Begriff der Behinderung: „Mein Bub ist nicht behindert, das wird sich schon auswachsen; auch ich war ein Spätentwickler", u. a. stellen häufige Rationalisierungen und Bagatellisierungen der Situation dar. Die Sorgen bleiben dann wiederum bei den Müttern.

Trotz oder gerade aufgrund ihrer häufigen Abwesenheit tun sich Väter schwerer im Umgang mit der Behinderung und interpretieren sie möglicherweise als größere narzisstische Kränkung. Für den Erstgesprächsprozess oder anschließende Prozesse ist somit von großer Wichtigkeit, die Väter einzubinden, auch um ihnen die nötige erzieherische Wichtigkeit zu geben (Warnke 1983).

4.2.3 Den Weg ebnen: Das Ergebnis des Erstgesprächs

Das Ergebnis des Erstgesprächs oder Erstbesuchs ist die Klärung der weiteren Vorgangsweise. Methodisch beruht dies vor allem auf Ergebnissicherung:

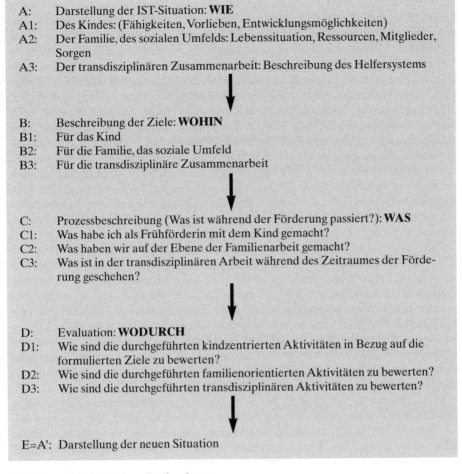

Abbildung 7: Beispiel eines Förderplanes

- Welche Informationen werden im Gespräch erinnert?
- Was ist für die Eltern offen geblieben?
- Welche offenen Aufträge bestehen?
- Was können wir beitragen, um offene Punkte zu klären?
- Was sind die nächsten Schritte?

Organisatorisch kann dies im Einzelfall bedeuten, dass die Arbeit mit den Eltern und dem Kind beginnt, diagnostische oder administrative Schritte notwendig sind, weitere Abklärungen vereinbart werden oder der Abbruch der Beziehung folgt.

Frühförderung ist eine Maßnahme, die primär auf die Prävention von Behinderung oder sozialer Ausgrenzung abzielt. Lange Wartelisten oder Wartezeiten widersprechen dem Gedanken einer frühestmöglichen Unterstützung. Weitere Prozessschritte sollten somit mit geringster zeitlicher Verzögerung erfolgen. Gerade die Frühzeitigkeit wird in der Evaluationsliteratur als entwicklungsförderlicher Faktor (Dunst et al. 1989, Shonkoff 1992, Guralnick 1997) angeführt. Wenn Wartezeiten notwendig sind, kollidiert Pädagogik mit organisatorisch-administrativen Strukturen. Schwierig ist das vor allem für die Fachkräfte. Sie sehen einerseits die Notwendigkeit der Förderung, andererseits sind ihnen meist organisatorisch die Hände gebunden. Frühzeitigkeit bedeutet, dass sofort nachdem die Notwendigkeit früher Hilfe eingeschätzt wurde, diese zu beginnen hat. Dies mag aufgrund organisatorischer Hindernisse anfangs nicht im vollen Ausmaß möglich sein: Kompromisse bei der Frequenz sind z. B. möglich: vorerst einmal im Monat, dann vierzehntägig u. a. Pädagogisch unentschuldbar bleiben jedoch Zuerkennungsverfahren, die Monate in Anspruch nehmen. Der frühe Beginn der Förderung ist mit größeren präventiven Effekten gekoppelt. Lange Wartelisten stellen oftmals ein nicht zu verantwortendes Spiel mit der Hoffnung der Eltern und den Entwicklungsmöglichkeiten des Kindes dar. Dies führt zurück zu den strukturellen Voraussetzungen des Systems Frühförderung: Präventive Dienste sind so einzurichten, dass die Niederschwelligkeit des Zuganges gewährleistet ist.

Das Ergebnis des Erstgespräches ist das gegenseitige Übereinkommen, den pädagogischen Prozess der Frühförderung zu beginnen und die nötigen administrativen Schritte einzuleiten. Es ist nicht in allen Verwaltungs- und Zuerkennungsbehörden im deutschen Sprachraum selbstverständlich, dass diese Prozesse so schnell wie möglich und so sorgfältig wie nötig abzulaufen haben. Meist müssen Eltern selbst wiederum ihre Kräfte mobilisieren und ihre Ansprüche klar artikulieren. Dies betrifft vor allem das Recht des Kindes auf „ein erfülltes und menschenwürdiges Leben unter Bedingungen (…), welche die Würde des Kindes wahren, seine Selbständigkeit fördern und seine aktive Teilnahme am Leben der Gemeinschaft erleichtern" (Sax/Hainzl 1999, 222).

Viele Eltern reagieren auf die Notwendigkeit, Energie aufzuwenden für etwas, was für Kinder ohne Behinderung beinahe selbstverständlich ist, mit einer Mischung zwischen Resignation und Wut: Warum muss ich über den erhöhten Erziehungsaufwand für mein Kind auch noch um jede Unterstützungsform „betteln" (Pretis 1999a)? Optimale Entwicklungsbedingungen für ein Kind mit besonderen Bedürfnissen sind noch keineswegs überall geschaffen.

4.3 In Beziehung treten

Viele Eltern bezeichnen den Beginn der Frühförderung als einen Wendepunkt in der Beziehung zu ihrem Kind und zur Behinderung. „Ich hatte das Gefühl, endlich anfangen zu können." So formuliert es die Mutter von Laura nach dem Schock, der Trauer, der Wut in Zusammenhang mit der Diagnose „Down-Syndrom" (Erstinformationsfilm der Elterninitiative Hand in Hand 1997). Welche Beziehungswünsche Eltern an die Frühförderin haben, hängt häufig vom Zeitpunkt der Kontaktaufnahme ab: In Phasen der Trauer wünschen sie sich einen Menschen, der präsent ist; in Phasen des Widerstandes einen Experten, der ihnen bestätigt, dass alles nicht so ist, wie es beschrieben wird.

Trotz möglicher Verzweiflung, Hoffnung, Wut, Resignation, Verleugnung oder fortwährender Beschäftigung ist die Beziehung zwischen Eltern, Kind und Frühförderin ein freiwilliger Willensakt mindestens zweier Partner. Die Freiwilligkeit des Kindes sei hier ein wenig in Frage gestellt. Gemeinsam soll ein kleines Stück Wirklichkeit miteinander geteilt und gestaltet werden (siehe Abbildung 8).

Gerade am Beginn der Beziehung erscheint Bescheidenheit angebracht: Jener Wirklichkeitsausschnitt, den die Frühförderin mit der Familie oder dem Kind teilt, ist ein sehr kleiner. Wahrnehmungspsychologisch prägen ihn in größerem Maß jeweilige persönliche Vorurteile als konkrete Vorerfahrungen. Er bezieht sich vornehmlich auf die Gestaltung der Zeit, die miteinander verbracht wird.

Dies betrifft je nach Organisationsform ein bis zwei Stunden pro Woche. Vor allem engagierte Helferinnen neigen dazu, in der positiven Absicht schnell an die Familie „anzudocken", die Behinderung zum dominanten Thema zu machen. Vorsicht ist geboten: Manche Familien setzen dann Hoffnungen in die Frühförderung, die letztere möglicherweise nicht erfüllen kann. Andere Eltern erleben die Themenzentrierung auf die Behinderung wiederum als massives Eindringen in die familiäre Intimsphäre: Stellen Sie sich vor, eine Person käme nach einem Erstkontakt zu Ihnen nach Hause und würde Sie z. B. über Ihre persönlichen Sorgen, sexuelle Vorlieben u. a. unter dem Deckmantel des „Helfens" befragen.

Angstfreiheit zu schaffen bedeutet vorerst, den Angeboten der Familie zu folgen und auch über sich zu sprechen. Gerade diesen Aspekt der Selbstoffenbarung des „Helfers" vermissen Eltern behinderter Kinder. Das bedeutet nicht, Eltern mit eigenen Sorgen zu belasten, sondern prinzipiell Offenheit zu ermöglichen: „Möchten Sie etwas von mir wissen?" Auch wenn viele Eltern von Kindern mit Behinderung meist Vorerfahrungen mit „Helfersystemen" haben, stellt jeder neue Kontakt für sie immer wieder einen Neubeginn und meist auch eine neue Verunsicherung dar. Im Normalfall kann Frühförderung nicht auf vorhandene Erfahrungen zurückgreifen. Damit darf angenommen werden, dass die erste

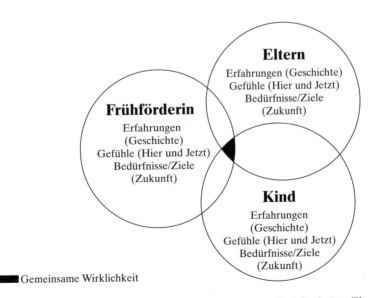

■ Gemeinsame Wirklichkeit

Abbildung 8: Wirklichkeitsüberschneidungen in der Beziehung Frühförderin – Eltern – Kind

Phase des Beziehungsaufbaus bei den Eltern stark von phantasierten Bildern geprägt ist. Diese Bilder sind in hohem Maße handlungsleitend (Wolke/von Recum 1996), wenn sie nicht an der Realität geprüft werden: Nicht der Schweregrad der sozialen Benachteiligung oder der Störung ist für die psychosoziale Entwicklung der Kinder ausschlaggebend, sondern die Diskrepanz zwischen dem Bild des Kindes, das ich mir gewünscht habe, und dem Kind, das ich wahrnehme. Je konkreter Bilder beschrieben werden können, desto eher sind sie kontrollierbar, integrierbar und wirken stressreduzierend (Pretis 1998b). Um ein Beispiel zu nennen: Mütter von Kindern mit Down-Syndrom, die vor der Geburt ihres Kindes konkrete Erfahrungen mit Menschen mit Down-Syndrom hatten, beschrieben geringere Alltagsbelastungen bei der Erziehung ihres Kindes als Mütter, die keine Vorerfahrungen hatten.

Im Gegensatz zu privaten Kontakten ist die heilpädagogisch Beziehung zur Frühförderin nicht primär gewollt und voraussetzungsfrei. Die begleitende Beziehung in der Frühförderung – ähnlich wie in der Sozialarbeit im allgemeinen – ist auch ein Austausch von Anwesenheit und Aufmerksamkeit gegen Geldleistung. Weil der finanzielle Aspekt jedoch häufig von der inhaltlichen Leistung der Frühförderung abgekoppelt ist, tritt er in den Hintergrund. Er wird dann bedeutsam, wenn die Frühförderung administrativ beendet ist, und Eltern oder Kinder durchaus noch weitere Beziehungswünsche äußern:

– „Kommen Sie zur Geburtstagsfeier meines Sohnes?"
– „Kommen Sie wieder einmal vorbei?"
– „Was soll ich jetzt ohne Sie tun?"

Es gibt keine generelle Strategie, wie mit diesen Beziehungsangeboten umzugehen ist. Jede Fachkraft muss für sich eine individuelle Entscheidung treffen und diese den Eltern mitteilen: Die Frühförderin stellt am Beginn der Förderung klar, dass diese Unterstützungsleistung für ein Jahr bewilligt ist. Sie trennt zwischen dem privaten Wunsch, Kontakt zu halten und dem Ende des Förderprozesses: „Ab nächster Woche besuche ich Sie dann privat." Der Beziehungsbegriff in der Frühförderung ist in seiner Grundfeste ein professioneller, auch wenn sich daraus private Kontakte ergeben können. Denn gerade dieser Beziehungsbegriff wird in der psychosozialen Arbeit gerne als therapeutischer Wirkfaktor erwähnt, nicht jedoch die damit verbundene finanzielle Abgeltung.

Aus der beruflichen Verpflichtung ergeben sich auch teilweise paradoxe Forderungen: Die Frühförderin habe doch ihre Betreuungseinheiten bis zum Zeitablauf durchzuführen: Auch wenn das Kind z. B. nur 15 bis 20 Minuten aufnahmefähig ist. Als „Konsument" der Dienstleistung Frühförderung habe man das Recht darauf (Aussage eines Vaters).

Beziehung erfordert Verantwortung, insofern Antworten auf Angebote erwartet werden können. Die aktive Beteiligung oder das Interesse am Frühförderprozess stellen eine solche Antwort von Seiten der Eltern dar. Das Einbringen fachlichen Wissens und Engagements ist jener Teil, den die Fachkraft beitragen muss. Frühförderung ohne Antwort des Gegenübers erscheint weder pädagogisch noch sozialpolitisch sinnvoll. Da die Eltern meist die Vermittler zum Kind sind, ist auch von ihnen ein Minimum an Verantwortung einzubringen: Und wenn es die Einhaltung von Terminen darstellt. Wenn ein Termin nach drei- bis viermaligem Anlauf nicht zustande kommt, sollte der übernommene Auftrag und die damit verbundene Verantwortung wieder zurückgegeben werden.

Im Regelfall entwickelt sich die Beziehung zum Du (Buber 1997) daraus, dass eine Übereinkunft getroffen wird, wie die gemeinsame Zeit und der Raum gestaltet werden. Die Frühförderbeziehung ist ein Kontakt auf Zeit. Auch muss deutlich ausgesprochen werden, dass es allen Eltern von Kindern mit besonderen Bedürfnissen, die Frühförderung erhalten, lieber wäre, wenn dieses Beziehungsangebot nicht in Anspruch genommen werden müsste. Frühförderung mag für viele Eltern das „Prinzip Hoffnung" repräsentieren, es verdeutlicht jedoch in gleichem Maße das Prinzip der besonderen Bedürftigkeit. Dieser zweite Aspekt wird weniger gerne wahrgenommen, da damit auch die Grenzen der pädagogischen Machbarkeit und der „Heilbarkeit" aufgezeigt werden.

Die gemeinsame Wirklichkeit ist gerade am Beginn des Beziehungsaufbaues sehr klein und noch dazu sehr sensibel: Sie unterscheidet sich von einer Bekanntschaft darin, dass der primäre Anlass zum Kontakt vorgegeben ist: Es ist nicht ein gemeinsames Hobby, das Interesse am letzten Urlaub, an der Berufstätigkeit, der Verkehrssituation in der Stadt u. a., sondern die Behinderung, drohende Behinderung oder soziale Ausgrenzung des Kindes und der Familie. Auch wenn die „Besonderheit" in Elterngesprächen durch Ressourcenorientierung umschrieben werden kann, bleibt bis zum Ende der Frühförderung der Beziehungsanlass, der erhöhte Hilfebedarf präsent.

> **Exkurs: Frühförderung bei Migrantenfamilien**
> Familien werden auf Behinderung nicht vorbereitet. Je nach kulturellem Zusammenhang wird die Geburt eines Kindes mit Behinderung mehr oder minder bedrohlich für die Familie interpretiert. Besonders zeigt sich dies bei Migrantenfamilien. Bei der Geburt eines Kindes mit Behinderung tritt somit das Nicht-Wahrhaben- und Nicht-Verstehen-Wollen verstärkt auf: „Ich verstehe die Sprache nicht, ich verstehe die Situation nicht, ich halte an dem fest, was mir bekannt ist und Sicherheit gibt." Drohende Behinderung wird dann meist noch stärker abgewehrt, rationalisiert oder bagatellisiert als von anderen Familien.

Beziehungsaufbau erfordert sprachliche Brücken. Dies beginnt meist an der äußeren Wirklichkeit der Familien: an den Interessen, den Vorlieben und nicht sofort mit dem Etikett „Behinderung". Ähnlich wie in der Qualitätsdiskussion sind auch in der Behindertenhilfe Mythen wirksam: z. B. jener der Bejahung der Behinderung. Die Behinderung eines Menschen kann als besonderer Daseinszustand angesehen, ins Leben integriert werden, das Familienleben mag sich „normalisieren". Ich halte es jedoch von Seiten der Heilpädagogik für äußerst gefährlich, von Eltern die Bejahung von Behinderung zu fordern. Eltern wünschen sich im Normalfall kein Kind mit Behinderung, sie lernen jedoch, mit dieser besonderen Situation zu leben. Vor allem in Elterngruppen erzeugt die Frage der Bejahung der Behinderung häufig Druck bei jenen Eltern, die auch Schmerz und Trauer erleben. Die Annahme der Behinderung ist ein kontinuierlicher Prozess der Auseinandersetzungen mit den Anforderungen des Lebens. Sie folgt spiralförmig Phasen der Stabilität und Episoden der Unsicherheit. Die Frage ist nicht jene nach der Bejahung, sondern nach den Möglichkeiten der Unterstützung: Was benötigen Eltern, damit sie in stürmischen Zeiten eigenkompetent sind? Sie brauchen dann vor allem einen normalisierten Alltag, soziale Unterstützung durch den Partner, Freiräume, Handlungsroutinen und Informationen (Finger 1992). Ähnlich wie der Begriff „Partnerschaftlichkeit" neigt die „Bejahung" dazu, ideologisch besetzt zu werden. Es sind Kleinigkeiten, die die Normalisierung des Alltages verdeutlichen: Fotos vom Kind, die das Wohnzimmer schmücken, der gemeinsame Einkauf im Supermarkt, der Besuch eines Stadtfestes, ein Urlaub mit dem Partner, Freunde, die wieder eingeladen werden u. a.

In Beziehung treten mit der Familie bedeutet vorerst, jene gemeinsamen Wirklichkeitsbereiche zu beschreiben und sich zu versichern, dass die kleinen Teile, die man gemeinsam gestaltet, ähnlich erlebt werden: Was bin ich für Dich?, Was bist Du für mich? Diese Definition der eigenen Rolle und der Erwartungen des anderen an mich ist veränderbar und verändert sich im Laufe der Zeit. Gerade am Beginn gründet sie vor allem auf Information, nicht sosehr darauf, sich dem anderen zu öffnen. Selbstoffenbarung beruht immer auf Gegenseitigkeit.

Eltern erwähnen die Möglichkeit der Aussprache über Fördermöglichkeiten als unterstützend, weniger jedoch die Aussprache über private Sorgen (Peterander/Speck 1995). Beziehung wird dann als entlastend erlebt, wenn man im Austauschprozess dafür etwas erhält: Dies mag spezifische Fachinformation betreffen, aber auch das Gefühl, dass jemand Zeit hat, sich mit meinen Fragen auseinander zu setzen. Der Beziehungsprozess beginnt mit dem Teilen von Raum und Zeit: Das Wann, Wo und Was. Die Wiederholung dieses gemeinsamen Teilens schafft Vorhersehbarkeit, Kontrollierbarkeit und Stressreduktion. Diese gegenseitige langsame Annäherung, ausgedrückt im Bild des „Zähmens", formuliert Antoine de Saint-Exupéry (1988) poetisch:

„Komm und spiel mit mir", schlug ihm der kleine Prinz vor. (...) Ich kann nicht mit dir spielen". sagte der Fuchs. „Ich bin noch nicht gezähmt!" (...) „Was bedeutet zähmen?" (...) „Zähmen ist eine in Vergessenheit geratene Sache", sagte der Fuchs. „Es bedeutet, sich vertraut zu machen." (...) Noch bist du für mich nichts als ein kleiner Junge, der hunderttausend kleinen Jungen völlig gleicht. Ich brauche Dich nicht, und du brauchst mich ebenso wenig. Ich bin für dich nur ein Fuchs, der hunderttausend Füchsen gleicht. Aber wenn du mich zähmst werden wir einander brauchen. Du wirst für mich einzig sein in der Welt. Ich werde für dich einzig sein in der Welt."

4.3.1 Sicherheit als Strukturbedingung der Beziehungsarbeit

Wenn Menschen mit Situationen konfrontiert sind, die sie als bedrohlich einschätzen, wünschen sie sich vornehmlich Kontrollierbarkeit und Vorhersagbarkeit der Ereignisse (Lazarus/Folkman 1984). Jedes Signal der Frühförderin, das als Angst reduzierend interpretiert werden kann, ist dem Beziehungsaufbau förderlich: Damit erfordert diese erste Phase des Kontakts primär Sicherheit der Kommunikation und Information von Seiten der Frühförderin. Paradoxerweise ist es somit in erster Linie nicht das Eingehen auf die Sorgen, die Traumen der Eltern, sondern das Schaffen geeigneter Strukturbedingungen *für die Frühförderinnen*, die die nötige Sicherheit in der Arbeit gewährleisten.

Dem Team kommt dabei eine herausragende Bedeutung zu: Ein positives Arbeitsklima mit den Kolleginnen, eine positive Führung, sozialberaterische Kompetenz, Stützung durch Teamsitzungen, Fortbildung und Supervision werden als strukturelle Voraussetzungen für den Fördererfolg bei den Frühförderinnen angesehen (Peterander 1997). Entsprechend dazu finden sich bei österreichischen Frühförderinnen die günstigen Bedingungen meist in internen Prozessen (Team, Zusammenarbeit, Akzeptanz), die hemmenden in den externen Arbeitsbedingungen (Entlohnung, administrative Zuerkennung, Berufsbild, Pretis 2000a).

Auch der Aus- und Fortbildung, als strukturierter Lehrgang, wie beinahe in ganz Österreich zwingend vorgeschrieben (Pretis et al. 1998), oder als interne Fortbildung (Peterander 1999), kommt somit hohe Bedeutung zu. Andernfalls drohen Frühförderinnen an den unzähligen zugeschriebenen Rollen und Funktionen „auszubrennen", oder Frühförderung wird als „Job" sehr funktional-therapeutisch durchgeführt.

Beziehungsarbeit ist ein Prozess professioneller Beziehungsgestaltung – erlernbar und mit der Notwendigkeit des Erlernens behaftet. Sie benötigt einerseits intuitives Wissen oder emotionale Intelligenz (Goleman 1999), andererseits eine theoretische Ausbildung. Viele Frühförderinnen schildern in Lehrgängen zwar, dass sie gute Zuhörerinnen seien, gerade in schwierigen Beziehungssituationen wünschen sie sich jedoch Methoden, um nicht mit eigenen Überlebensstrategien reagieren zu müssen: Alle unten angeführten Strategien stellen Hilfen dar, Beziehungsfallen zu erkennen. Darunter werden Situationen verstanden, in denen es aufgrund der Rahmenbedingungen nur starre Beziehungsvorgaben gibt, die Fachkräfte annehmen oder ablehnen können: die Verbündete oder der Feind; die Klagemauer oder die Vorschullehrerin u. a. Werden die Beziehungsdefinitionen akzeptiert, besteht die Gefahr, dass Frühförderinnen ihren eigenen Zielen zuwiderhandeln. Wird die Beziehungsdefinition verweigert, steht möglicherweise das Arbeitsbündnis in Frage. Einige Möglichkeiten der Klärung sind in Tabelle 9 angeführt:

Tabelle 9: Methoden der Beziehungsdefinition

Kommunikationsanlass	Methode	Beispiel
„Also dieser oder jener Fachmann meint, dass diese oder jene Übung sinnvoll wäre. Können Sie sie nicht machen?"	Funktionsabklärung	Als Frühförderin verstehe ich mich als Fachkraft für die pädagogische Umsetzung.
Wann beginnen Sie endlich mit der Förderung?	Thematisierung auf der emotionalen Ebene	Ich verstehe Ihre Besorgnis. Ich muss dem Kind und mir die Möglichkeit bieten, mich und die neue Situation kennen zu lernen.
Zum Kind: „Streng dich mehr an, du hast schon wieder nicht aufgepasst!"	Perspektivenwechsel	Den Blickwinkel eines Partners einnehmen (z. B. jenen des Kindes).

Nach dreimaliger Bitte, den Fernseher abzudrehen, erfolgte noch immer keine Reaktion.	Metakommunikation	„Wie soll ich es jetzt zu Ihnen sagen, dass…?"
Die Mutter erwirbt nach der Einheit sofort das verwendete Fördermaterial und zeigt es stolz der Fachkraft.	Vogelperspektive	Wenn uns jetzt jemand zuschauen könnte, was würde der sich wohl denken?
„Schau genau, so nimmt man den Stift, mach, was die ‚Lehrerin' sagt!"	Fachliche Ich-Botschaft	Als Pädagogin erlebe ich in Ihrem Erziehungsstil, dass…
Unklare Beziehungstrübung, irgendetwas stimmt nicht.	Externe Beobachtung	Videoaufzeichnung und Reflexion nach der Betreuungseinheit.
Krisenhafte Entwicklung	Abklärung des Auftrages	Was erwarten Sie von mir? Was soll ich mit dieser Botschaft tun?
Als bedrohlich interpretierte Informationen	Mitteilen der Betroffenheit	„Da habe ich mir aber Sorgen gemacht…"

Diese Methoden der Beziehungsklärung stellen keineswegs Patentrezepte dar, sie können jedoch vor allem in Aus- und Fortbildungsveranstaltungen (im geschützten Rahmen) erprobt und zu eigenen Umsetzungsstilen entwickelt werden. Klarheit meint den Umgang mit der Situation, nicht das Lösen von schwierigen Situationen in der Familie.

4.3.2 Der Prozess der Beziehungsarbeit

Handlungen, die dem Gegenüber die Offenheit zur Kontaktaufnahme signalisieren, können als Beziehungsarbeit beschrieben werden (siehe Abbildung 9).

Inhaltlich beginnt Beziehungsarbeit häufig mit externen Fragen: Was leistet Frühförderung? Welche konkreten Handlungsanleitungen gibt es? Wie kann der Lebensraum gestaltet werden? Kommunikativ beginnt Beziehung damit, sich auf jemanden einzustellen. Doch das Eindringen der Frühförderin in den Lebensraum der Familie wird nicht in jedem Fall positiv bewertet. Gerade in der Anfangsphase erscheint es sowohl für die Eltern als auch für die Frühförderin sinnvoll, abzuklären, ob Betreuungseinheiten im Frühförderzentrum oder in der Familie durchgeführt werden sollten. Bei „schwierigen" Familien bietet das Zentrum für die Frühförderin einen schützenden Rahmen. Für die Eltern, die eher zu sozialem Rückzugsverhalten neigen, kann dies auch eine Motivation darstellen, wieder mehr mit der Umwelt in Kontakt zu treten. Bisweilen erleben Eltern das Eindringen von Expertinnen in ihre Lebensumwelt auch als bedrohlich, da sie von sich

	Fragen, die die Beziehungsarbeit strukturieren		**Lösungen und weiterführende Überlegungen**
1.	Finden wir Übereinstimmung über Raum und Zeit? Ist eine Übereinstimmung über minimale Rahmenbedingungen möglich?	Nein →	Was benötigen wir, um diesen minimalen Konsens zu erreichen? Liegt es an der konkreten Person der Frühförderin? Gibt es eine Alternative?
2.	Kann ein Dialog über Erwartungen und Bilder über die Frühförderung geführt werden?	Nein →	Wenn z. B. kein Interesse von Seiten der Eltern vorliegt, ist fraglich, ob Frühförderung sinnvoll ist. Versuch, Alternativen zu finden (Kindergarten?)
3.	Sind Anknüpfungspunkte erkennbar? z. B. die Stärken und Vorlieben des Kindes, gemeinsame Wirklichkeiten zwischen Frühförderin und Eltern, ein gemeinsames Interesse im transdisziplinären Team?	Nein →	Analyse, woran es liegt, dass es so schwierig erscheint, etwas Positives zu erkennen. In solchen Situationen kann eine Überweisung an die Psychotherapie sinnvoll sein.
4.	Zeigen sich im Rahmen der ersten Kontakte Anzeichen der Entspannung und des Wiedererkennens von Situationen, sei es durch das Kind, die Familie oder auch im Team?	Nein →	Wie können wir Angstfreiheit und Entlastung ermöglichen? Sind hochfrequentere Betreuungsformen sinnvoll oder familienentlastende Dienste?
5.	Sind beginnende Rituale zu beobachten (Anbieten von Kaffee nach der Arbeit mit dem Kind, Bezugnahme auf die letzte Woche u. a.)?	Nein →	Versuch der aktiven Gestaltung von Ritualen für das Kind und die Eltern
6.	Beginn der Förderdiagnostik		

Abbildung 9: Prozessablauf der Beziehungsarbeit

glauben, ein „sozial akzeptiertes Bild" abgeben zu müssen. Indem Rituale eingesetzt werden, wird die Aufmerksamkeit mehr auf die Wiederholung als auf die Handlung gelenkt. Eine solche Vorgangsweise kann gerade in den Anfangsphasen sowohl für die Frühförderin als auch die Familie ein Sicherheitssignal in einer Welt voller Unsicherheiten (was die Behinderung betrifft) darstellen.

Gibt es schwierige Familien? Nein, es gibt nur eine schwierige Kommunikations- und Beziehungsgestaltung zu Familien. Beziehung gründet auf Dialog, d. h. auf der Fähigkeit, dem anderen zuhören zu können und das klar zu vermitteln, was beruflich und persönlich bedeutsam ist. Das Zwiegespräch bedarf nicht immer der verbalisierten Sprache. Ein solcher „zwischenkörperlicher Dialog" insbesondere bei schwerst beeinträchtigten Säuglingen und Kleinkindern kann Schutz bieten, damit die Säuglinge selbst Signale der Befindlichkeit aussenden können. „Dieser Austausch lebt von einer nachspürenden Achtsamkeit, über die körperliche Bindung und Nähe sowie Einfühlsamkeit in die Handlungsmöglichkeiten des Kindes signalisiert wird" (Praschak 1999, 92). Die Kontaktnahme beruht auf der Fähigkeit der Frühförderin, genau wahrzunehmen, zu benennen und auf der Basis dieses sensiblen Prozesses zu antworten. Gerade bei schwerstbehinderten Kindern liegt es in der Verantwortung des Dialogpartners, d. h. der Frühförderin, diese Brückenfunktion zu übernehmen. Klarheit wird durch offene Kommunikation, etwa indem Gefühle benannt werden, gefördert. Dazu muss ich meine Gefühle wahrnehmen und mitteilen können. Im Trauerprozess von Kindern kommt diesem Aspekt besondere Bedeutung zu (Dyregrov 1998). Die Darstellung der Gefühle der Eltern bietet dem Kind die Möglichkeit, seine eigenen Gefühle wahrzunehmen und sie auch zu artikulieren. Dies muss jedoch nicht immer in Form von Verbalisierung geschehen. Spielerische, symbolische und kreative Formen (z. B. mittels Malen, Musik, Rollenspiel) finden hier Anwendung. Nicht das „Ich weiß es besser und kenne die Technik", sondern „Du weist mir den Weg und wir konstruieren gemeinsam Brücken" leitet Frühförderung. Damit werden individuelle Wege der Kontakt- und Beziehungsgestaltung beschritten. Dies unterscheidet Frühförderung von reinem Funktionstraining. Im Zentrum steht das gesamte Kind mit seinen individuellen Gefühlen, Wünschen, Gedanken und Fähigkeiten. Auch die Ergebnisse der neueren Evaluationsforschung vor allem bei Kindern mit Cerebralparese stellen rein funktionsorientierte Trainings in Frage (Harris 1997): Die konduktive (Petö-)Pädagogik zeigte z. B. keine besseren Ergebnisse als sonderpädagogische Maßnahmen bei Kindern mit Cerebralparese.

Das Abschiednehmen von normorientierten Trainingsprogrammen zugunsten individueller Entwicklungsfähigkeiten erfordert ein tiefes Vertrauen, dass die Familie, das Helfersystem und das Kind selbst wissen, was für sie gut ist. Jedes Individuum verfügt über die Motivation, eigene Handlungsfähigkeit erreichen zu wollen. Bei Kindern ohne Behinderung nehmen wir dies relativ unreflektiert an: Wir vertrauen in ihre Entwicklungspotenz. Gerade bei Kindern mit Behinderung droht jedoch die Gefahr, dass wir durch Überpädagogisierung, Überstimulierung oder Hoffnungslosigkeit diese primäre Fähigkeit der eigenen Motivation „wegkonditionieren". Bei Kindern mit Down-Syndrom ist die Tendenz zu beobachten, aufgrund einer angenommenen „Motivationslosigkeit" mehr Stimuli anzubieten (Pretis 2000c). Motivation erzeuge ich nicht durch Übungen, sondern durch

Handlungsmöglichkeiten, die für das Kind oder die Familie handlungs-, selbstwertverstärkend oder bedürfnisbefriedigend sind.
Dieses Prinzip der Motivationsförderung gilt auch für die Aus- und Fortbildung der Frühförderinnen: Auch wenn der Wunsch nach konkreten Fördermethoden immer wieder formuliert wird, stellt die Frage der Kontakt-, Kommunikations- und Motivationsfähigkeit die Basis jeder Methodenanwendung dar. Es ist meist nicht schwierig, Eltern vom Sinn von Übungen zu überzeugen: Viele Eltern von Kindern mit Behinderung würden gerade in der Anfangsphase alles „tun", um mögliche Beeinträchtigungen zu reduzieren. Das Kind zur Eigenaktivität und zum Handeln zu motivieren, darin besteht die Kunst und die Herausforderung der Frühförderung. „Emotionale Intelligenz" (Goleman 1999) beginnt bei der Wahrnehmung und Wahrnehmungsschulung, nicht bei Techniken und Methoden, die angewandt werden können.

Beziehungsangebote der Eltern und Kinder rufen interpretierte Handlungsaufträge bei der Fachkraft hervor. Fraglich bleibt, ob diese von den Eltern auch so gefordert werden, wie die Experten sie verstehen. Tabelle 10 beschreibt einige interpretierte Aufträge, deren Chancen, aber auch mögliche Fallen: Eine „richtige" Beziehungsdefinition gibt es in diesem Zusammenhang nicht, wohl aber mögliche kommunikative Strategien, Beziehungsfallen zu minimieren. Gleichzeitig birgt jedes Beziehungsangebot auch Ressourcen. Die beschriebenen Kategorien in Tabelle 10 beruhen auf einer Befragung von Eltern und Frühförderinnen aus der Sehfrühförderung (Pretis 1997) und bei Kindern mit Down-Syndrom (Pretis 1998b).

Die Liste erhebt keineswegs den Anspruch, vollständig zu sein. Notwendig ist, dass Handlungsaufträge verbalisiert werden. Beziehungsdefinitionen schaffen Rollenzuschreibungen und Funktionen. Diese können je nach Einzelfall übernommen werden, wenn dies sowohl von der Frühförderin als auch von den Eltern und dem Team als „Frühförderung" interpretiert wird: Eine Frühförderin war im Zweifel, ob die Begleitung einer Mutter zum Scheidungsrichter noch unter den Tätigkeitsbereich „Frühförderung" falle. Die Mutter wünschte sich eine Begleitung in einer schwierigen Lebenssituation. Im Teamgespräch zeigte sich ein Konsens, dass im Einzelfall dies ein möglicher Auftrag an die Frühförderin sein konnte.

4.3.3 Gemeinsame Erwartungen als Ergebnis

Wenn sowohl die Eltern als auch die Fachkraft ein Bild von der neuen Situation „Frühförderung" haben und Kommunikationsstrukturen geschaffen sind, die ein Gespräch ermöglichen, dann darf davon ausgegangen werden, dass eine tragfähige Arbeitsbeziehung geschaffen ist. Auf der Handlungsebene zeigt sich dies z. B. darin,

– dass Rituale wiedererkannt werden (und jetzt kommt das Fingerspiel; jetzt spricht die Mama mit der Frühförderin);
– dass Rhythmen bewusst sind (nächste Woche und die gleiche Zeit);
– dass sich der Alltag zu normalisieren beginnt;
– dass das Kind mit Freude auf die Frühförderin reagiert;
– dass Eltern Fragen stellen und Interesse zeigen.

Die Eingangsphase: Kontakt und Beziehung

Tabelle 10: Stärken und Fallen von Beziehungswünschen

Beziehungswunsch gegenüber der Frühförderin	Ressource	Falle	Assoziierte Frage für die Frühförderin	Lösungsmodell
Entwicklungsspezialistin	hohes soziales Ansehen	mehr desselben, Therapiedruck	Wie gestalte ich Elternarbeit?	Einsatz guter Evaluationsinstrumente, klare Struktur der Elternarbeit
Freundin	Vertrautheit, angenehme Atmosphäre	Systemverstrickung	Wie beende ich die professionelle Beziehung?	Bewusste Entscheidung zum privaten Kontakt
Gesprächspartnerin	zugeschriebene Rolle und Bedeutung für die Familie	Wenig Veränderung, Ablenkung, Ersatz für andere Sozialkontakte	Welche Ziele verfolge ich mit den Gesprächen?	Wie bemerken wir, dass wir das Ziel erreicht haben?
Klagemauer „Mülleimer"	hohe Offenheit	Kommunikativer Missbrauch	Wofür fühle ich mich zuständig?	Reflexion im Team über Aufträge
Kontrolle	Hohe Motivation der Eltern, Bedingungen der Beendigung zu schaffen	Unerwünschtheit, Skepsis	Wie schaffe ich eine minimale Arbeitsbasis?	Klärung der Aufträge
Lehrerin	hohe Motivation und Mitarbeit	Förderdruck auf das Kind	Wie fördere ich die Eigenaktivität des Kindes?	Eltern motivieren, Beobachterrollen einzunehmen. Reflexion des eigenen Handelns
Spieltante	Möglichkeit, etwas mit dem Kind zu tun	Frage nach der Kompetenz und der Notwendigkeit der Förderung	Bin ich mir meines theoretischen Modells sicher?	Beschreibung der Unterschiedlichkeit zum Spiel, Transparenz der Dokumentation (Vor- und Nachbereitung)
Therapeutin	anerkannte Fachkompetenz	Heilerin	Was bin ich, wenn ich mich nicht als Therapeutin definiere?	Definition und Identifikation als Frühförderin
Zauberfee	Begeisterung, Hoffnung	Verantwortung gegenüber der Entwicklung	Wie gestalte ich die Trauerarbeit mit den Eltern?	Klarheit der Zieldefinition

Fragen zur Selbstevaluation 4:
zum Erstkontakt und Erstgespräch

a) Welche strukturellen Aspekte fördern/hemmen die Kontaktnahme in meiner Institution?

b) Ist ein Konsens über die eigene „Corporate Identity" der Frühförderstelle nach außen erkennbar?

c) Wie vermittle ich persönlich bzw. meine Institution Sicherheit in der Gesprächsführung und an welchen Verhaltensweisen ist dies erkennbar?

d) An welchen Handlungen erkennen die Eltern, dass zu jedem Zeitpunkt des Kontaktes Rückmeldemöglichkeiten bestehen?

e) Welche Strukturen fördern/hemmen transdisziplinäres Arbeiten in meinem Team?

f) Was kann ich persönlich beitragen, um transdisziplinäres Arbeiten zu fördern? Welche Fähigkeiten benötige ich noch?

g) Welche Informationen in der Frühförderstelle neigen dazu, mehrfach erhoben zu werden, welche tendieren dazu, verloren zu gehen?

zum Beziehungsaufbau

a) Ist die Phase des Beziehungsaufbaus ein definierter Teil des Förderprozesses?

b) Wie lassen sich meine Mittel des Beziehungsaufbaus beschreiben und kommunizieren?

c) Was sind meine Minimalvoraussetzungen und Anforderungen an mein Gegenüber für den Beziehungsaufbau?

d) Mit welchen Menschen möchte ich keineswegs – auch nicht im beruflichen Feld – eine Arbeitsbeziehung aufbauen?

e) An welchen Verhaltensweisen erkenne ich persönlich Bejahung oder Nicht-Akzeptanz der Behinderung?

f) Welche Strukturbedingungen erleichtern/erschweren in meiner Frühförderstelle Beziehungsgestaltung?

g) In welchen Familien gelingt mir eine klare Trennung zwischen Professionalität und Privatleben gut, in welchen fällt mir dies schwer?

h) In welchen Familien fällt mir das Arbeiten leicht, in welchen gestaltet es sich für mich als schwierig?

i) Welche Strukturen stehen mir zur Verfügung, um schwierige Beziehungsgestaltungen zu klären?

j) Woran merke ich persönlich, dass eine tragfähige Beziehung zur Familie hergestellt ist?

k) Wie nehme ich Gefühle wahr? Bei welchen Gefühlen fällt mir die Wahrnehmung leicht? Wie äußert sich diese Wahrnehmung auf der Ebene des Denkens, des Verhaltens, des Befindens?

l) Wie benenne ich meine Gefühle?

m) Wie leicht fällt es mir, auf Gefühle nicht spontan zu reagieren, sondern meine Reaktionen zu reflektieren?

n) Wie motiviere ich mich?

o) Habe ich Alternativen, meine Gefühle auszudrücken? (z. B. anstelle eines reflexhaft ablaufenden Schemas?)

p) Woran erkenne ich, dass die Beziehungsgestaltung erfolgreich ist?

q) An welchem eigenen Verhalten lasse ich dies die Eltern/das Kind erkennen?

5 Förderdiagnostik

Frühförderung als wissenschaftlich begründete Heilpädagogik beruht auf Annahmen (Hypothesen) über soziale Interventionsprozesse. Sie können theoretisch zwar sehr abstrakt sein, haben jedoch auf der Handlungsebene von Familie zu Familie unterschiedliche Konsequenzen. Die Hypothesen, wie sich der Förderprozess gestalten wird, führen zu zielorientiertem und theoriegeleitetem Handeln. Diese theoretische Basis unterscheidet pädagogisches Tun von bloßem Spiel. Die Einfachheit dieser Beschreibung darf nicht über die Tücken der Details auf der Handlungsebene hinwegtäuschen, denn die allgemeinen Hypothesen, wie z. B. Autonomie, Ganzheitlichkeit, Selbstgestaltungsfähigkeit, geben kaum Auskunft über die notwendigen pädagogischen Handlungen.

Frühförderung geht somit über die „natürliche Erziehung" und Förderung des Kindes im familiären Umfeld hinaus, weil sie wissenschaftlichen Kriterien der Beobachtbarkeit, der Beschreibbarkeit und Erklärbarkeit entspricht. Die Effekte von Frühförderung mögen sich, wie Weiß (1995) pointiert formuliert, kaum von optimal einfühlsamen, kindorientierten Erziehungsmodellen unterscheiden. Es stellt sich jedoch gerade aufgrund der erhöhten Erziehungsbelastung (Pretis 1998b) die Frage, ob Eltern von Kindern mit Behinderung eben diese optimalen Erziehungsbedingungen vorfinden.

Häufig muss sich die Frühförderung den Vorwurf gefallen lassen, kaum unterscheidbar von alltäglichen Erziehungsprozessen zu sein. Als klassisches Beispiel mag die anwesende Großmutter während der Frühfördereinheit erwähnt werden. Sie bemerkt, dass Frühförderung nichts anderes sei, als „mit dem Kind zu spielen". In der Supervision berichten Fachkräfte dann manchmal von Argumentationsnotständen in solchen Situationen. Im Spiel ist der Prozess des Spiels gleichzeitig das Ziel. Das Spiel genügt sich selbst. Frühförderung folgt einem hypothesengesteuerten Modell. Prozesse werden geplant, weil davon ausgegangen wird, dass auf der Basis von Theorien wenigstens Rahmenbedingungen einer Entwicklungsrichtung geschaffen werden können. Damit verfügen Fachkräfte über Annahmen, die sie durch ihr Handeln überprüfen können: Wenn ich dem Kind ermögliche, durch seine Bewegung Effekte zu erzielen (eine Glocke läutet), wird dadurch beim Kind das Ursache-Wirkung-Denken gefördert. Das Kind erlebt sich als selbständig handelnd.

Spiele folgen dagegen primär „funktionsfreien" Regelkreisen, die gleichzeitig Mittel und Zweck des Spiels beinhalten (Oerter 1999). Nur wenn theoriegeleitete Ziele formuliert werden, ist Selbst- oder Fremdevaluation möglich. Eine Betreuungssequenz wird vor dem Hintergrund durchgeführt, dass mit spezifisch ausgewähltem Fördermaterial gemeinsam mit dem Kind etwas qualitativ anderes als Spielen erreicht wird. Frühförderung ist somit kein Zufallsprozess.

Viele der Hypothesen entspringen auch intuitivem Wissen. Es ist keineswegs in jeder Situation notwendig, die eigenen Theorien zu rechtfertigen. Häufig handelt

es sich dabei um sogenannte „Minitheorien", die jeweils Handlungssequenzen steuern: Das Kind benötigt klare Strukturierungssignale am Beginn und am Ende der Fördereinheit. Deshalb ist es sinnvoll, Rituale einzusetzen.
Dies sagt nichts über die Art der Modellannahmen aus. Wie in Kapitel 2 beschrieben, mögen diese sehr unterschiedlich sein:

bedürfnisorientiert: Das Kind und die Familie werden bei der selbständigen Befriedigung von Bedürfnissen unterstützt.

funktional: Spezifische Fertigkeiten werden erlernt.

normorientiert: Die Förderung orientiert sich an Meilensteinen der Entwicklung.

handlungsorientiert: Das Kind und die Familie können ihren Handlungsrahmen erweitern.

Schwierig ist die Einbettung der Förderarbeit in Modelle, weil kaum exakte Handlungsschritte abgeleitet werden können. Gleichzeitig ergeben sich aus den unterschiedlichen Modellannahmen durchaus widersprechende Handlungsanforderungen: Nach dem Bedürfnismodell wäre es sinnvoll, das 6-jährige Mädchen im elterlichen Zimmer schlafen zu lassen; nach dem handlungsorientierten wäre es an der Zeit, ihm Autonomie zuzutrauen. Je genauer jedoch Fachkräfte gemeinsam mit den Eltern Förderziele formulieren, desto nachvollziehbarer können damit auch konkrete Verhaltensweisen in Zusammenhang gebracht werden.

Bedeutet dies ein Mehr an Dokumentation, ein Spalten des Prozesses in minimalste Förderschritte, wie dies z. B. bei der ersten Generation von Frühförderprogrammen geschehen ist? Das kann nur dann passieren, wenn Vor- und Nachbereitung bzw. Dokumentation als reiner Selbstzweck angesehen wird. Beides dient jedoch einerseits der Abstraktion (welches Ziel verfolge ich über die einzelne Übung hinaus), andererseits der Evaluation. Ohne theoretische Gesamtschau (Kurz et al. 1997) hat Förderung für Kind und Familie keinen Sinn: Funktionstrainings (Training der Auge-Hand-Koordination) resultierten daraus. Das andere Extrem sind Leerformeln: ganzheitliche Förderung, biopsychosoziale Entwicklung u. a. Ohne beschreibbare Verhaltensweisen läuft Frühförderung Gefahr, als unwissenschaftlich bezeichnet zu werden.

Ziele sind Vorwegnahmen eines zukünftigen Zustandes (Soll). Dieser muss sich in irgendeiner Weise vom gegenwärtigen Ist-Zustand unterscheiden. In der Frühförderung wird davon ausgegangen, dass das Kind oder die Familie durch den Veränderungsimpuls der Fachkraft diese Differenz zwischen Ist und Soll verringert (siehe Abbildung 10).

Ist-Situation	Förderung	Soll-Situation
Methode: Förderdiagnostik	Methode: Intervention	Methode: Ist-Soll-Vergleich (Evaluation)

Abbildung 10: Förderung als Schaffung optimaler Unterschiede

Vier Aspekte müssen dabei hervorgehoben werden:
1) Zielorientierung bedeutet nicht, Frühförderung an Rentabilitätswerten festzumachen. Gerade bei Kindern mit schweren Behinderungen ist die kontinuierliche Förderung und die Unterstützung der Familie das eigentliche Ziel des Prozesses. Hier „rentiert" sich Frühförderung volkswirtschaftlich indirekt über die Steigerung der Lebensqualität von Familien.
2) Zielorientierung umfasst keine inhaltlichen Spezifizierungen. Sie kann in einer Familie bedeuten, Termine einzuhalten. Kindern mit Mehrfachbehinderungen werden ebenso zielorientiert unterschiedliche Stimulusqualitäten angeboten. Bei Kindern mit Erfahrungsdefiziten (es fehlen die adäquaten Angebote z. B. aufgrund von Verwahrlosung) kann es sinnvoll sein, Kulturtechniken wie Lesen oder Mengenerfassen anzubahnen. Zielorientiert ist Frühförderung dann, wenn sie individuelle Lebenspläne und Wertsysteme des Kindes, der Familie und der Fachkraft beinhaltet.
3) Gerade bei fortschreitenden Krankheiten (z. B. Muskeldystrophie) kann es auch das Ziel der Frühförderung sein, das gegenwärtige Niveau der Lebensqualität oder der Autonomie beizubehalten.
4) In einem umfassenderen Sinn kann Zielorientierung auch bedeuten, eine Familie im Sterbeprozess des Kindes oder in der Trauer zu begleiten.

Zielorientiertheit schließt ein, dass

a) sich Ziele beschreiben lassen,
b) sie in weiterer Folge kommuniziert werden können und
c) Methoden zur Verfügung stehen, sie zu erreichen.

Welche Ziele mit welchen Mittel erreicht werden können, stellt die Funktion von Förderdiagnostik dar. Der Wunschtraum des naturwissenschaftlich orientierten Pädagogen könnte es sein, aus eindeutigen Hinweisreizen der Ist-Situation sowohl Zielvorstellungen als auch dafür notwendige Förderschritte abzuleiten. Dies entspricht dem Maschinenparadigma: Wenn nur genügend Information über die „Maschine Mensch" vorhanden ist, wird es doch möglich sein, das Verhalten vorauszusagen. Eine solche lineare Kausalität würde z. B. einem „klassisch-medizinischen" Erklärungsmodell entsprechen: Jede motorische Einschränkung erfordert Physiotherapie. Nicht das Individuum in seiner Bedürftigkeit, sondern der übergeordnete Zusammenhang zwischen Symptom und Behandlung bestimmt Ziel und Weg der Therapie. Die Intervention ist unabhängig vom Individuum wirksam. Normwerte sind zu erreichen (Körpergewicht, Kopfumfang, Blutwerte u. a.). Auch wenn die kritischen Stimmen gegen den alleinigen Geltungsanspruch eines solchen Modells stärker werden, erbringt es im überwiegenden Bereich des Gesundheitswesens große Leistungen. Schwierig wird es dort, wo das Individuum mit seiner sinngebenden Lebenswelt im Mittelpunkt steht und keine kausale Therapie, wie z. B. bei Behinderungen, möglich ist.

In der Heilpädagogik bestimmt der Mensch, was er aus den Interventionen macht und welchen Sinn diese für ihn haben. Der Sinn der Intervention bleibt jeweils einzigartig und entzieht sich der Verallgemeinerung. Vor dem Hintergrund der persönlichen Lerngeschichte ist diese Einzigartigkeit verstehbar, macht jedoch überindividuelle theoretische Modelle schwierig. Förderdiagnostik könnte sich somit nur vor dem Hintergrund individueller Lebensgeschichten bewegen. Es ist das Gefühl des Kontaktes, das sich nur erspüren lässt: Die schwer messbare Erfahrung der Entlastung der Eltern, die Gleichheit des Atemzuges, wenn das Kind gewiegt wird, die tiefe emotionale Berührung, wenn auch das Kind und die Familie Lernerfahrungen für die Frühförderinnen ermöglichen.

Die beiden Aspekte der Förderdiagnostik (Normorientierung und Individualität, Finger 1992) stellen zwei Pole dar, die im Laufe des Förderprozesses jeweils unterschiedlich gewichtet sind. Der Beginn der Frühförderung wird meist von Wünschen der Eltern gekennzeichnet, Normen zu erreichen und kausale Therapien durchzuführen: Es ist die Frage nach Interventionsmöglichkeiten, Medikation, dem Erreichen von Meilensteinen der Entwicklung, nach Prognosen u. a. Im Prozess der Frühförderung werden individuelle Entwicklungsaufgaben zunehmend wichtiger. Die individuellen Fähigkeiten des Kindes treten in den Vordergrund.

Die Spannung zwischen Individualität und Norm wird bei Systemübertritten (Kindergarten, Schule) plötzlich wieder bedeutsam: Bei jedem Übergang treten Fragen der Norm wieder mehr in den Vordergrund: „Wird mein Kind den Anforderungen der Schule entsprechen?" Je stärker sich Systemregeln an allgemeinen Normen orientieren, desto schmerzlicher gestaltet sich dieser Prozess für die Eltern. Frühförderung stellt hier manchmal eine Gratwanderung zwischen sozial akzeptierten Normzielen und individuell sinnvollen Stärken des Kindes dar:

Fallbeispiel:
Ein Junge mit schwerer zentraler Sehschädigung und Tetraplegie freute sich auf die wöchentlich kommende Frühförderin. Die Fördermaterialien waren anders gestaltet als seine Spielsachen. Er konnte mit seinem linken Arm Gegenstände festhalten und schlug sie „stereotyp" an seine Wange. Ein Verhalten, das der Frühförderin mehr Sorgen machte als der bisweilen depressiv wirkenden Mutter. Stereotypes Verhalten als Ausdruck der Über- oder Unterforderung? Eine funktionale Analyse des Verhaltens zeigte, dass die Bewegung des linken Armes zur Wange eine der wenigen zielgerichteten im Repertoire des Jungen war. Seine wiederholte Stimulierung war – auf seiner individuellen Sinnebene – eine der wenigen autonomen Handlungsmöglichkeiten, die Welt mit seinen Mitteln zu erkunden. Freilich verbunden mit sehr großem Lustcharakter, was die stereotype Wiederholung verstärkte. Hätte sich die Frühförderin an Normen orientiert, hätte sie versucht, dieses Verhalten „wegzutrainieren". Dies hätte auch bedeutet, dem Jungen eine der wenigen Möglichkeiten zu nehmen, sich eigenaktiv zu erleben. Die Fachkraft einigte sich mit der Mutter, alternative lustbetonte Angebote zu machen, die auch die Mutter und ihre interpretierte Traurigkeit einschlossen. In Phasen des Alleinspiels konnte sich der Junge seinen „Stereotypien" hingeben.

Dieses Beispiel verdeutlicht, wie schwierig, aber auch wichtig es ist, Ziele in der Frühförderung zu formulieren. Und zwar solche Ziele, die einerseits beobachtbar sind, die aber andererseits über die einzelne pädagogische Intervention hinaus auch einen Sinn erfüllen. In der jeweils einzigartigen Kind- oder Familienorientierung muss auch ein Funken Allgemeingültigkeit erkenntlich sein.

Wie jedoch einen Mittelweg zwischen Normorientierung, subjektiver Bedürftigkeit des Kindes, Elternwünschen und eigenen pädagogischen Modellannahmen finden? Förderdiagnostik ist immer nur ein kommunikatives Instrumentarium, niemals die alleinige Durchführung von Tests oder Checklisten. Durch diese kommunikativ ausgerichtete Diagnostik ist es letztendlich wenig bedeutsam, welche Verfahren durchgeführt werden, wenn sie für das Kind und die Familie einen Sinn ergeben. Ziele müssen

a) bedürfnisorientiert für das Kind, die Familie oder das soziale Umfeld sein,
b) mit den Erziehungsberechtigten verhandelt werden,
c) heilpädagogischen Modellannahmen entsprechen,
d) durchführbar und akzeptabel sein,
e) wissenschaftlichen Kriterien entsprechen.

5.1 Strukturbedingungen der Förderdiagnostik

Eine Unterscheidung zwischen Struktur-, Prozess- und Ergebnisaspekten ist in der Förderdiagnostik ebenso wichtig wie in anderen Bereichen des gesamten Förderprozesses. Sie beginnt nicht bei der Erhebung und Bewertung von Daten, sondern bei der Frage, ob in der Frühförderstelle geeignete Instrumente vorhanden oder Fachkräfte dazu ausreichend ausgebildet sind. Förderdiagnostik ist ein Teil der Frühförderarbeit. Eine definierte Zielarbeit mit der Notwendigkeit zu diagnostischer Bewertung muss Teil der „Unternehmensphilosophie Frühförderung" sein. Dazu zählt, dass sich die Mitarbeiter einer Frühförderstelle über eben diese Aspekte austauschen und einen vergleichbaren Informationsstand erreichen.

In der Elternarbeit sollte gerade am Beginn der Frühförderung ein Hauptgewicht auf die Abklärung von Fragen des Ablaufes gelegt werden (Prozesswissen). Aus der begleitenden Arbeit mit Frühförderinnen zeigt sich immer wieder, wie schwer es Eltern auch nach einem Jahr Frühförderung fällt, zu beschreiben, was in der Frühfördersituation passiert oder welches Ziel Frühförderung generell verfolgt. Dies mag bisweilen am geringen Interesse der Eltern an diesen Fragen liegen, möglicherweise auch am relativ geringen Augenmerk der Frühförderinnen, Rahmenbedingungen und Ziele zu klären. Immer wieder treten in Familien Phasen auf, in denen Frühförderung in Frage gestellt wird. Das ist sinnvoll, da das generelle Ziel eine Hilfe zur Selbsthilfe ist und Frühförderung kontinuierlich daran arbeiten sollte, nicht mehr gebraucht zu werden. Meist geht es jedoch nicht um das Wegfallen des Hilfebedarfs, sondern darum, ob der Fachkraft Kompetenz zugesprochen wird, ob noch gemeinsame Ziele verfolgt werden u. a.: Sei es, dass erwartete Fortschritte nicht eintreten, dass Eltern sich unverstanden fühlen oder dass Frühförderinnen ihre Position in der Familie selbst kritisch hinterfragen: Welches Ziel verfolge ich überhaupt noch, bin ich überhaupt noch erwünscht?

Reflexionseinheiten, die bei „Missstimmungen" und interpretierten Gefühlen der „Förderunlust" erfolgen, erhalten sowohl für die Eltern als auch für die Fachkraft übergroßes Gewicht: Es geht dann um phantasiertes „Sein oder Nicht-Sein" in der Familie. Wenn Reflexionseinheiten halbjährlich geplant und bereits als Teil der Diagnostik definiert werden, wird ihnen vorweg die Schwere und mögliche Schicksalshaftigkeit genommen.

Förderdiagnostik erfordert eine klare Darlegung der notwendigen Voraussetzungen (Zeit, Raum, Ziel des förderdiagnostischen Prozesses) und auch eine Begründung, warum dies notwendig ist. In der Praxis erweist sich der Zeitraum eines Monats als sinnvoll, um auf der Basis einer tragfähigen Beziehung zum Kind und zu den Eltern gemeinsam Ziele zu erarbeiten. Auch wenn aus methodischen Gründen Beziehungsaufbau und Förderdiagnostik hier getrennt beschrieben werden, laufen sie meist parallel ab. Der Zeitraum von Beziehungsgestaltung (4 Wochen) und Förderdiagnostik (4 Wochen) ist wichtig, da meist Eltern (behinderter Kinder) von Frühförderinnen erwarten, sofort mit der „Arbeit" zu beginnen. In diesem (verständlichen) Handlungsauftrag an die Fachkraft steckt die Gefahr, Wünsche, Erwartungen und Kommunikationsstrukturen der Familie vorschnell zu den eigenen zu machen. Der Zeitraum von ein bis zwei Monaten entlastet die Frühförderin, die eigene Position in der Familie auszuloten und theoriegeleitete Ziele zu formulieren. Der Weg zwischen „Sich-Zeit-Lassen", „An-das-System-Andocken" und dem Wunsch der Eltern, „dass endlich etwas passiert", stellt eine Gratwanderung dar. Die Fähigkeit der Frühförderinnen, vor allem den Aspekt des Beziehungsaufbaus als ersten Förderschritt zu definieren, gewährleistet in dieser Phase eine ausgewogene Bewegung zwischen möglichen überzogenen Erwartungen und professioneller Zurückhaltung. Vielmehr zeigt sich häufig, dass gerade der Zielformulierungsprozess selbst ein Hauptfaktor der Frühförderung ist. „Der erste Schritt ist der halbe Weg." Durch den Zielerarbeitungsprozess werden gemeinsam mit den Eltern jene Rahmenbedingungen geschaffen, die eine Qualitätsbewertung der Arbeit ermöglichen.

Dies schließt sowohl geeignete Mess- und Bewertungsinstrumente mit ein als auch die Verfügbarkeit von Raum oder Zeit, falls die förderdiagnostische Arbeit nicht in der Familie selbst stattfindet. Generell ist die natürliche Umgebung in der Familie einer diagnostischen Einschätzung im Zentrum oder der Frühförderstelle vorzuziehen. Der Lebensraum des Kindes bietet immer ein Mehr an relevanter Information.

Eine Reihe von Methoden können angewandt werden: standardisierte Tests, institutionseigene Anamneseschemata bis hin zu persönlichen nicht-standardisierten Verfahren. Die meisten Frühförderstellen greifen auf eigene veränderte Skalen, Entwicklungsbogen, Anamneseblätter u. a. zurück (Bailey 1997). Die Durchführung förderdiagnostischer Einschätzungen mittels computerunterstützter Techniken ist noch nicht in ausreichendem Maße bekannt oder akzeptiert. Ein häufiger Kritikpunkt stellt die geringe Sensitivität von Tests dar, sodass die Fachkraft fürchtet, der Einzigartigkeit des Kindes nicht mehr entsprechen zu können. Die Buntheit der förderdiagnostischen Landschaft zeugt zwar von einiger Unzufriedenheit mit gängigen standardisierten Verfahren und von kreativem Potential, Beschreibungsinstrumente zu schaffen. Sie erschwert jedoch die Vergleichbarkeit in großem Maße. Das Vorhandensein von geeigneten Instrumenten in Frühförderstellen allein genügt nicht. Die Mitarbeiterinnen müssen für die Anwendung der Instrumente geschult werden:

– Wie verwenden wir die diagnostischen Mittel?
– Kommen wir zu ähnlichen Einschätzungen?

Vor allem in der fallsupervisorischen Darstellung von Familien, bei denen Frühförderung als unterstützend erlebt wird, kann eine solche Beobachterübereinstimmung in geschütztem Rahmen geprobt werden. Meist folgen Fallbesprechungen jedoch Defizitmodellen: Probleme und krisenhafte Entwicklungen werden besprochen, nicht so sehr erfolgreiche Einheiten. Schwierige Situationen erscheinen wenig geeignet, die Handhabung von Instrumenten zu trainieren.

Im Allgemeinen wird Förderdiagnostik von den Fachkräften als wichtig erachtet. Gegenüber den angewandten Methoden und deren Aussagekraft herrscht jedoch eine gewisse Skepsis und Motivationslosigkeit. Skalen, Anamnesebogen u. a. ausfüllen wird als lästige administrative Tätigkeiten angesehen. Förderdiagnostische Hilfsmittel müssen für die Bedürfnisse der Frühförderinnen, der Eltern und des Kindes praktikabel, ökonomisch und sinnvoll sein. Sinn entsteht dort, wo Aussagen über die Wirklichkeit das Verhalten, das Denken oder Fühlen verändern und sich somit Unterschiede zur vorliegenden Situation ergeben. Information entsteht im Unterschied (Maturana/Varela 1992). Eine solche Sinnkonstituierung wird vor allem durch transdisziplinäre Förderdiagnostik und Beobachtung im Alltag der Kinder erreicht, da Unterschiedlichkeit und dadurch Veränderungsmöglichkeit beschrieben wird.

Transdisziplinäre Arbeit erfordert hohe Kommunikationsfähigkeit im Team: z. B. muss auf die Sprache des Partners eingegangen werden: Fachchinesisch ist meist ein Selbstschutz. Alles kann verständlich erklärt werden. Ähnliches gilt für den gegenseitigen Respekt bzw. die Anerkennung des jeweiligen anderen beruflichen Modells: Viel häufiger kommt es zu Abwertungen und Stereotypisierung: die Psychologen, die Mediziner u. a. Grundvoraussetzung für einen respektvollen Umgang sind eigene fachliche Sicherheit und Kommunikationsfähigkeit. Nur eine Klarheit der eigenen Modellannahmen ermöglicht eine Auseinandersetzung über die Bedürfnisse einer Familie oder eines Kindes. Andernfalls neigen Teamgespräche häufig zu Verteidigungen des eigenen beruflichen Modells: Wer hat Recht? Der Mediziner, der Psychologe, die Pädagogin, die Physiotherapeutin? Verschiedene Berufsgruppen greifen dann auf ihre unterschiedlich sicheren und sozial anerkannten Modelle zurück: Durch die normierte Modellsprache, die soziale Anerkennung, die naturwissenschaftliche Logik erscheint das medizinische Modell gesicherter als wertorientierte pädagogische oder statistisch-psychologische Modelle. Wenn Annahmen anhand von pädagogischen, psychologischen oder medizinischen Theorien begründbar sind, dann können unterschiedliche Berufsgruppen diskutieren, wie passend die Modelle die Wirklichkeit des Kindes beschreiben. Die Frage, welche Berufsgruppe recht hat oder sich durch welche Aussage narzisstisch gekränkt fühlt, ist dann unbedeutsam. Gerade im diagnostischen Prozess ist transdisziplinäre Kommunikation wichtig, da dieser erste Schritt einen Großteil der Ziele und Methoden bestimmt und meist über Erfolg oder Misserfolg entscheidet.

Unzureichende Diagnostik läuft Gefahr die Frühförderung zum Zufallsprozess werden zu lassen. Jene Energie, die am Beginn in Kommunikation und Koordination investiert wird, rentiert sich zu einem späteren Zeitpunkt, und zwar sowohl hinsichtlich der Qualität als auch der Kosten.

5.2 Der Prozess der Förderdiagnostik

5.2.1 Ebenen der Förderdiagnostik

Frühförderung unterstützt Entwicklungsressourcen des Kindes, der Familie und des Umfeldes. Vorschnell wird Frühförderung mit alleiniger Entwicklungsförderung des Kindes gleichgesetzt. Administrative Zuerkennungsverfahren und Krankenkassenabrechnung neigen dazu, Förderdiagnostik auf den Aspekt der Entwicklungsdiagnostik zu reduzieren. Dies mag auch den Wünschen der Eltern entsprechen, ihr Kind optimal fördern zu wollen, kommt jedoch auch jeweiligen beruflichen Wahrnehmungsverzerrungen entgegen: Entwicklungspsychologen diagnostizieren Entwicklungsparameter, Mediziner den somatischen Status, Pädagoginnen Handlungsressourcen. Frühförderung darf nicht alleinige Entwicklungsförderung darstellen, sonst läuft sie Gefahr, sozialpolitisch Förderung der „fitteren" Kinder zu sein. Kinder mit schweren Behinderungen, progressiven Erkrankungen oder mit Mehrfachbehinderung sind dadurch bedroht, von der Förderung ausgeschlossen zu werden.

Förderdiagnostik muss mindestens drei Systemebenen umfassen:

a) die psychosoziale Entwicklung des Kindes,
b) die Elternarbeit,
c) die transdisziplinäre Zusammenarbeit.

Die psychosoziale Entwicklung bezieht sich vor allem auf die Möglichkeiten des Kindes, sich als autonom handelndes Wesen zu erleben. Förderdiagnostik schätzt ab, in welchen Bereichen (z. B. Sensorik, Motorik, Kognition, Sprache, Emotion u. a.) das Kind sich aufgrund seiner möglichen Beeinträchtigung als behindert bzw. als Handelnder erleben kann. Auf der Ebene der Elternarbeit erhebt sie mögliche Ressourcen der Eltern bzw. des sozialen Umfeldes. Diese Ressourcen dienen als Hilfe zur Selbsthilfe. Dies betrifft vor allem Anpassungsleistungen der Familie an bedeutsame Fragestellungen: „Wie gestalten wir die Beziehung zum Geschwisterkind, wie lässt sich Berufstätigkeit und Kindererziehung vereinbaren, wie gestalten wir Partnerschaft, Freizeit u. a.?"

Eine förderdiagnostische Abklärung der transdisziplinären Zusammenarbeit spielt erfahrungsgemäß eine bislang geringe Rolle, da dieser Bereich nicht in ausreichendem Maße als eigenständiger Förderschwerpunkt erkannt wird. Dies mag auch mit geringem Interesse an methodischen Fragen in diesem Feld einhergehen. Förderdiagnostik in der Teamarbeit zielt darauf ab,

– wie Kommunikationsprozesse im Team aktiv gesteuert werden können (Wer übernimmt welche Aufgabe?),
– wie Frühförderung zwischen den Eltern und anderen professionellen Helfern vermitteln kann.

Auch die Förderdiagnostik folgt in flexiblerer Form einem hierarchischen Kommunikationsablauf (Abbildung 11).

Der Prozess der Förderdiagnostik 75

Strukturierende Fragen   **Weiterführende Überlegungen**

1. Besteht eine tragfähige Beziehung zwischen mir und der Familie? Können Zielprozesse und Methoden diskutiert werden, ohne die Position der Frühförderung in Frage zu stellen? — Nein → Welche Bedürfnisse haben die Eltern auf der Beziehungsebene?

2. Können wir uns über Methoden der Förderdiagnostik auf allen drei Ebenen einigen, und zwar bei der Entwicklungsförderung, der Elternarbeit und bei der transdisziplinären Arbeit? — Nein → Gibt es alternative Methoden?

3. Gibt es eine Übereinstimmung, was das Ziel des förderdiagnostischen Prozesses ist und wie wir mit möglichen Ergebnissen umgehen? — Nein → Gibt es Befürchtungen der Eltern in Bezug auf die Daten? Wie lassen sich diese Ängste ausräumen?

4. Ist die Durchführung im geplanten Ausmaß möglich (zeitlich oder materiell)? — Nein → Gibt es Alternativen?

5. Sind ein Zielformulierungsprozess und ein „Arbeitskontrakt" möglich? — Nein → Was verhindert einen solchen Prozess?

6. Durchführung der Förderdiagnostik und Zielformulierung

Abbildung 11: Kommunikationsablauf der Förderdiagnostik

5.2.2 Methoden und Instrumente der Förderdiagnostik

Frühförderdiagnostik ist ein multidimensionaler kommunikativer Prozess aller Beteiligten (Fisseni 1990). Aus diesem Grund ist eine eindimensionale Einschätzung – es wird z. B. nur ein Verfahren verwendet – nicht zielführend. Förderdiagnostik beruht vornehmlich auf der Fähigkeit, Unterschiede wahrzunehmen und diese Wahrnehmungen sinnvoll zu integrieren:

- In welchen Entwicklungsdomänen hat das Kind seine Stärken?
- In welchen Situationen tritt ein Problemverhalten nicht auf?
- Wie beurteilen die einzelnen Familienmitglieder die Situation?

Bei den folgenden Instrumenten ist generell von einer Gleichwertigkeit der Methoden auszugehen, auch wenn unterschiedliche Wirklichkeitsausschnitte dadurch abgebildet werden:

a) Anamnestische Informationen
Die förderdiagnostische Arbeit beginnt damit, dass unterschiedlichste Informationen über die aktuelle Situation, die Lebensgeschichte, Erwartungen und Sorgen der Eltern eingeholt werden. Dies schließt ein liebevolles Andocken an die jeweilige Familiengeschichte mit ein. Es ist erstaunlich, mit welcher Selbstverständlichkeit die Fachkräfte Offenheit der Familie voraussetzen, die auch vor intimen Details nicht halt macht. Gleichzeitig reduziert sich die Information, die die Fachkräfte über sich selbst geben, häufig auf Faktenwissen.

Wie beim Erstgespräch beschrieben, erweist es sich in der Praxis als sinnvoll, anamnestische Informationen nicht im Sinne eines Fragenkatalogs zu erheben, sondern sich aus den Gesprächen mit den Eltern oder Betreuungspersonen langsam ein Bild zu erarbeiten. Bedeutungsvoll bei der Erhebung anamnestischer Daten ist nicht, dass sich die Informationen bestätigen, sondern dass unterschiedliche Handlungsfelder der Familie unterschiedliche Einschätzungen ergeben: Die Großmutter schildert die Situation, die Mutter, der Vater u. a. Differenzen schaffen Sinn, da sie zu einem Gesamtbild in all seiner Unterschiedlichkeit führen und den Blick auf Veränderungsmöglichkeiten eröffnen. Gleichheit und Bestätigung der Information enthält kaum Veränderungspotential, wohl aber Selbstbestätigung des Experten. Um einige mögliche Fragen zu nennen:

a) Wie erlebt der Vater die Situation?
b) Was sagt der Kinderarzt?
c) Wie schätzt die Mutter die Aussagen dieses oder jenes Therapeuten ein?
d) Was heißt es für die Familie, wenn diese oder jene Prognose gestellt wurde?
e) Gibt es Ausnahmen?

Der Einwand, eine solche Auseinandersetzung erfordere hohe Reflexionsfähigkeit der Eltern, kann dadurch entkräftet werden, dass die Ausdrucksweise durchaus an die Familie angepasst werden muss: Helfer bezeichnen meist sprachlose und hysterische Familien als schwierig. Wir sollten jedoch nicht die sprachliche Gewandtheit oder Eloquenz der Familien bewerten, sondern ihre Bedürftigkeit, die ihren Ausdruck in der Sprache findet. Es gibt demnach keine hysterischen Eltern, die ihre Wirklichkeit verzerren, sondern Familien, die ihre Bedürfnisse nur in dieser Form zeigen können.

b) Eigene Beobachtungen
Förderdiagnostik benötigt Zeit, da sie ein gemeinsamer Prozess ist. Zuerst müssen stabile Beziehungsmuster geschaffen werden, bevor auf der Sachebene Ziele „ausgehandelt" werden können. Können nicht Tests ein Abbild der Wirklichkeit geben? Der Wunsch nach standardisierten Verfahren (Entwicklungstests) spiegelt die erlebte Vorsicht gegenüber der eigenen Beobachtungsgabe wider. Jedes verwendete Verfahren, dies betrifft sowohl standardisierte Tests als auch die eigene Beobachtung, ist so gut wie die Wahrnehmungs- und Integrationsfähigkeit der Fachkraft, die es durchführt (Lohaus 1989). Soziales Ansehen des Berufsstandes, aber auch die verwendete Modellsprache, z. B. die Verwendung von Fachausdrücken, führen dazu, dass Beschreibungen der eigenen Beobachtungen eher als unzulänglich erlebt werden. Die eigene Beobachtungs- und Integrationsfähigkeit sind die besten Beschreibungsinstrumente, vor allem dann, wenn sie an anderen Wirklichkeiten im Team gemessen werden.

c) Dokumente
Unser Gedächtnis interpretiert Wahrnehmungen. Dadurch unterliegen Wahrnehmungen massiven Einschränkungen: Werdende Väter sehen überall schwangere Frauen; nach dem Autokauf bemerkt man, dass vermeintlich mehr Autos der gewählten Marke unterwegs sind. Daher ist es sowohl im Gespräch über Wahrnehmungen als auch in der Evaluation äußerst wichtig, bei der Bewertung des Förderprozesses auf Dokumente zurückzugreifen: Dies können Videos sein, Kinderzeichnungen, Krankengeschichten u. a. Gerade bei der Frühförderung von Kindern, bei denen aufgrund des Schweregrades der Behinderung kaum beobachtbare Fortschritte erwartet werden, wird der Einsatz bildgebender Methoden (z. B. Video) als unterstützend erlebt. Das gemeinsame Gespräch über Videoaufzeichnungen kann generalisierende Wirklichkeitsbilder relativieren: „Es hat sich nichts verändert, mein Kind ist immer unruhig u. a." Jeder Mensch verändert sich! Videos sind jedoch ausgewählte Wirklichkeitsausschnitte. Der Einsatz sollte gut durchdacht sein. Zu Evaluationszwecken ist die Aufnahme einer ähnlichen Fördersituation sinnvoll. „Dokumente" können natürlich auch Kinderzeichnungen, Fotos, ein Handabdruck u. a. sein.

d) Standardisierte Verfahren
Vor allem in der Praxis wird immer wieder der Ruf nach standardisierten Verfahren laut, die die Vergleichbarkeit von Daten und somit den Anschein professioneller Sicherheit vermitteln können. Überspitzt formuliert, bilden auch standardisierte Verfahren immer nur jene Wirklichkeit ab, die der Diagnostiker wahrnimmt! Nicht die Durchführung eines standardisierten Verfahrens (Leistungstest, Entwicklungstest, Persönlichkeitstest u. a.), sondern die Kommunikation mit den Eltern oder im Team schafft Wirklichkeit im Sinne von bedeutsamer Wirksamkeit. Standardisierte Verfahren – wenn sie für die Zielgruppe der Kinder überhaupt einsetzbar sind – gelten als Hilfsmittel und Kommunikationsanlass. Sie ergänzen eigene und fremde Beobachtungen.

78 Förderdiagnostik

Abbildung 12: Autonomie und Wohlbefinden als zentrale Begriffe der Frühförderung

Die Herausforderung in der Förderdiagnostik besteht darin,
(1) aus Abbildungen der Wirklichkeit (z. B. Test, Befund) Sollzustände abzuleiten, und zwar Ziele für das Kind, die Familie und die Teamarbeit.
(2) In einem weiteren Schritt werden die angestrebten Ziele bewertet und auf ihre individuelle Bedeutsamkeit überprüft: Was ist wichtig, was kann warten, wo setzen wir Prioritäten?
(3) In der Folge einigen sich die Partner über geeignete Methoden.

Alle drei Grundvoraussetzungen, die Beschreibbarkeit der Zielzustände, das Verhandeln (Contracting) und die anzuwendende Methodik machen Förderdiagnostik zu einem der schwierigsten und herausforderndsten Schritte. Andernfalls bleibt nur „Diagnostik" und das Präfix „Förder-" wäre reiner Etikettenschwindel.

5.2.3 Aus Ist wird Soll

Förderdiagnostik baut darauf auf, Ressourcen, Absichten und Veränderungswünsche von sozialen Systemen (Kind, Familie, Helfer etc.) einzuschätzen. Aus der gemeinsamen Bewertung ergeben sich Zielperspektiven, die jedoch individuell sehr unterschiedlich sein können. Trotz unterschiedlicher methodischer Ansätze stellt es das Gesamtziel der Frühförderung dar, das Individuum in seiner Autonomie zu unterstützen (Kühl 1999). Als zweite grundlegende Menschenbildannahme darf das Wohlbefinden des Kindes, der Familie und der Helfer angeführt werden (siehe Abbildung 12).

Der Aspekt des Wohlbefindens hat vor allem in den letzten Jahren an Bedeutung gewonnen, auch im Zusammenhang mit Modellen der Partnerschaft und des Respekts vor der elterlichen Erziehungskompetenz (Speck/Peterander 1994). Viele Eltern berichten, dass sie allmählich zum Schluss kamen, dass Förderung vor allem das Wohlergehen des Kindes hervorheben müsse. Dies stellt jedoch eine deutliche Abkehr zu therapeutischen Modellen dar, die hauptsächlich funktionale oder normorientierte Ziele verfolgten. Aus den beiden Wertannahmen „Förderung der Autonomie" und „Wohlbefinden" lassen sich sowohl für die kindzentrierte Förderung, die Elternarbeit, aber auch die Teamarbeit mögliche Szenarien darstellen.

Diese Szenarien können zwischen den Polen „hohe und niedrige Autonomie" und „großes Wohlbefinden bzw. Unwohlsein" angesiedelt sein (siehe Abbildung 13). Aus dieser theoretischen Perspektive sind Plus-Plus-Situationen („hohe Autonomie bei hohem Wohlbefinden" das Ziel des förderdiagnostischen Prozesses: Die vier Felder repräsentieren allgemeine Möglichkeiten der kindzentrierten Förde-

Der Prozess der Förderdiagnostik

+ Wohlbefinden	
„Das in sich verharrende Kind": Das überbehütete Kind, dem wenig Selbständigkeit zugetraut wird und das in kindlichen regressiven Verhaltensmustern verharrt.	„Das selbsttätige Kind": Das Kind wird prinzipiell als Wesen gesehen, das größtmögliche Autonomie erreichen will. Es erlebt sich als handelnd und wird durch die Förderung unterstützt, eigenaktiv zu sein.
– Autonomie	+ Autonomie
„Das an sich selbst leidende Kind" (z. B. autoaggressive Verhaltensweisen): Das Kind verfügt über geringe Möglichkeiten der aktiven Gestaltung der Umwelt mit gleichzeitig hohem inneren oder äußeren Erwartungsdruck.	„Das übertherapierte Kind": Es sieht seine Autonomie als externen Auftrag. Die Intervention ruft psychischen und physischen Schmerz sowie Abwehrmechanismen des Kindes hervor.
– Wohlbefinden	

Abbildung 13: Mögliche Förderszenarien beim Kind

rung. Sowohl innerhalb der Familie als auch während des Förderprozesses selbst können diese Förderschritte als Phasen auftreten.

Autonomie und Wohlbefinden gelten auch für die Elternarbeit, wie Abbildung 14 zeigt.

Häufig erzeugen solche Darstellungen hohen Druck bei den Eltern, da sie erleben, noch „in dieser oder jener Phase" zu sein. Die Darstellung hat zum Ziel, eine Reflexionsmöglichkeit für die Frühförderin zu bieten, welche Zielphilosophie sie selbst verfolgt, verbunden mit der Möglichkeit einer Neuorientierung.

Auch auf der Ebene der transdisziplinären Arbeit lässt sich ein ähnliches Schema anwenden (Abbildung 15). Wie agiert der einzelne Helfer?

Im Kontakt mit Menschen sind wir fortwährend mit Verhalten konfrontiert. Nicht-Verhalten bzw. Nicht-Kommunikation im sozialen Kontakt, sei es mit dem Kind, der Familie oder dem Helfersystem ist nicht möglich (Watzlawick et al. 1985). Verhalten ist auf unterschiedlichen Ebenen beschreibbar: Traditionellerweise wird auf Entwicklungsdomänen beim Kind zurückgegriffen: Motorik, Wahrnehmung, Emotion, Kognition, Sozialverhalten u. a.). Die Verhaltensweisen des Kindes, der Eltern, aber auch der Helfer im System stellen den Ausdruck von Bedürfnissen dar. Im Falle erwachsener Kommunikation können diese vermittelt und einer meist sprachlichen Realitätsprüfung unterzogen werden.

	+ Wohlbefinden	
„Die vom Helfersystem abhängige Familie": Philosophie des „mehr desselben" mit der Gefahr des Überengagements der Helfer und Passivität der Betroffenen. Helfer und Eltern fühlen sich wohl, im Sinne „Ich darf etwas tun" und „Mit mir wird getan".		„Die interessierte Familie": Angebote werden bewusst ausgewählt, dem Kind und der Frühförderin werden bewusst Freiräume gelassen. Hohes Interesse an pädagogisch-psychologischen Fragestellungen.

– Autonomie ——————————————————————— **+ Autonomie**

„Die hilflose Familie": Nichts scheint zu nützen, niemand kann uns helfen, wir sind allein. Gefahr des „Ausbrennens" bzw. dysfunktionaler psychischer Verarbeitungsmechanismen (Zerfall der Familie, Alkohol).		„Die fordernde Familie": Unterschiedliche Helfersysteme werden konsumiert. Vorwurf: „Warum wird nicht alles Erdenkliche getan?" Gefahr des „Doctor-Shopping" bzw. des „Koryphäenkillersyndroms".

– Wohlbefinden

Abbildung 14: Förderszenarien in der Elternarbeit

Beim Kind sind wir jedoch vielmehr auf Interpretationen oder Annahmen angewiesen. Bei jedem Kind – wie schwer auch immer die Behinderung sein mag – lässt sich eine Selbstaktualisierungstendenz in Richtung größtmöglicher Autonomie und Wohlbefinden beobachten. Jedes Kind möchte aktiv sein; jede Aktivität des Kindes verfolgt Motive und Absichten, die immer kommunikativ, d. h. auf Effekt, ausgerichtet sind. Es gibt kein motivationsloses Verhalten. Wenn die Bedürfnisse und Motive eines Kindes beschrieben werden können, ergeben sich daraus Förderziele (siehe Abbildung 16). Diese sollten ebenso den zwei großen Wertkategorien Autonomie und Wohlbefinden untergeordnet werden. Förderziele sind somit nächste Schritte in Richtung dieser beiden Werte. Die Basis sind die vorhandenen Verhaltensmöglichkeiten und Entwicklungsressourcen des Kindes bzw. der Familie.

Ein mögliches Bedürfnisbeschreibungsmodell bietet Maslow (1968) an (Abbildung 17).

Auf den jeweiligen Systemebenen (Physiologie, Sicherheit, Liebe, Anerkennung usw.) können die Bedürfnisse des Kindes und der Eltern beschrieben werden. Förderziele ergeben sich daraus, wie größere Autonomie zur Befriedigung der jeweiligen Bedürfnisse erreicht werden kann. Die Interpretation der Bedürfnisse kann je nach verwendetem pädagogischen Modell zu durchaus unterschiedlichen Einschätzungen führen:

Der Prozess der Förderdiagnostik 81

	+ Wohlbefinden
„Therapeutische Suppe": Alles muss aufeinander abgestimmt werden. Die Helfersysteme fühlen sich wohl. Netzwerkarbeit ist vornehmlich Selbstzweck, die Familie wirkt „störend".	Klares Modell der Zusammenarbeit, das vornehmlich auf den Kommunikationswünschen der Eltern beruht. Hohe eigene Modellklarheit und respektvolle Kommunikation.

– Autonomie ─────────────────────────── + Autonomie

Autokratische Struktur des Helfersystems mit klar hierarchischen Verhältnissen und vornehmlich abwertender Kommunikation. Wettbewerbssituation der Therapeutinnen: „Wer ist der bessere Helfer?"	Verfolgen der einzelnen beruflichen Modelle mit dem Ziel, „dem Kind zu helfen". Geringer Respekt vor anderen beruflichen Modellen, gekennzeichnet durch paralleles Arbeiten am Kind.

– Wohlbefinden

Abbildung 15: Förderszenarien in der transdisziplinären Arbeit

Fallbeispiel:
Für die Frühförderin hatte es den Anschein, als ob Peter, ein 6 Monate altes Baby mit Down Syndrom, seine Welt vor allem visuell exploriere: Er lag zufrieden auf seiner Decke und blickte auf die Materialien, die ihm die Fachkraft anbot. Er nahm gerne Blickkontakt auf und reagierte mit sozialem Lächeln. Peter war jedoch wenig am Greifen interessiert: Nur wenn Gegenstände in seine Hand gelegt wurden, hielt er sie fest, ohne sie jedoch anzusehen. Viel lieber lautierte er mit der Frühförderin. Gleichzeitig zeigte Peter wenig eigenes Explorationsverhalten und reagierte optisch erst dann, wenn der Berührungsreiz erlebt wurde.

Abbildung 16: Das Verhältnis von Ressourcen und Einschränkungen zum Förderziel

82 Förderdiagnostik

Abbildung 17: Bedürfnispyramide von Maslow (vereinfacht)

Trotz der kurzen Darstellung würde eine statusorientierte Förderdiagnostik (siehe Kapitel 5.2.4) in diesem Fall eine Förderung der Auge-Hand-Koordination andeuten (Anbieten von Stimuli auf Augenhöhe). Förderdiagnostik, die auf eine Interpretation der Bedürfnisse und die Unterstützung der Autonomie abzielt, legt das Hauptaugenmerk auf die Verstärkung eigenaktiven Handelns: Wie kann das Kind seine „Weltgrenzen" spüren, um eigenes motorisches Verhalten mit sensorischen Informationen zu koppeln? Peter erlebt sich dann als handelnd, wenn er die Konsequenzen seiner Aktivitäten spürt. Das bedeutet, dass es sinnvoll wäre, den Handlungsradius des Kindes einzuschränken (z. B. indem Polster oder verschiedene Gegenstände aufgelegt werden), damit er Berührungsrückmeldungen erhält und in weiterer Folge seine Bewegungen mit optischer Exploration verbindet.

Gerade transdisziplinäre Arbeit kann ein Hilfsmittel darstellen, Bedürfnisse vor dem Hintergrund unterschiedlicher Modelle zu interpretieren. Je größer und vielschichtiger die Blickwinkel, desto kleiner ist die Gefahr, dass subjektive Bilder der Helfer projiziert werden.

5.2.4 Stufen der Förderdiagnostik

a) Statusdiagnostik: Ein Bild des Menschen
Die am häufigsten verwendete Form der Förderdiagnostik ist die sogenannte Statusdiagnostik: Medizinische Befunde, psychologische Tests vergleichen Parameter (Entwicklungsalter, Reflexe, Ess- und Schlafverhalten, Selbständigkeit …) mit beschriebenen Normen oder mit zu erreichenden Funktionsniveaus. Aus der Abweichung zu vorliegenden Normen ergeben sich dann oft relativ unhinterfragt Förderziele, da erwartet wird, dass das Kind hierarchisch organisierte Entwicklungsschritte durchlaufen sollte. Diese Förderziele werden unab-

hängig davon aufgestellt, ob sie für den jeweiligen Lebenszusammenhang Sinn machen. Mit zunehmendem Alter des Kindes werden individuelle Unterschiede größer, Entwicklungsprozesse verschieben sich zeitlich stärker: Meist lassen sich bei der Entwicklung von Kindern mit Behinderung größere Ungleichzeitigkeiten in der Entwicklung beobachten als bei Kindern ohne Behinderung. „Entwicklungsverzögerungen" oder ein Entwicklungsquotient (Verhältnis zwischen Entwicklungsalter und Lebensalter) sind häufige Beschreibungsmodelle. Ein Entwicklungsrückstand von einem Monat im 11. Lebensmonat bedeutet jedoch etwas anderes als im Alter von 36 Monaten. Für die Frühförderung ergibt die Statusdiagnostik relativ eindeutige Fördervorschläge: Wenn ein Kind mit Entwicklungsalter 2;6 Jahren in der Grobmotorik ein Entwicklungsalter von 1;8 aufweist, dann bedeutet dies „offensichtlich", dass die Grobmotorik gefördert werden sollte. Hier ist aber ein differenziertes Urteil nötig, da

a) Entwicklungsprozesse bei Kindern nicht gleichzeitig verlaufen;
b) gerade bei Kindern mit Mehrfachbehinderungen kaum von Normwerten ausgegangen werden kann;
c) Statusdiagnostik meist Defizitdiagnostik ist und somit weniger die vorhandenen Fähigkeiten, sondern die Funktionsausfälle im Vordergrund stehen;
d) fraglich ist, welchen individuellen Sinn die jeweilige Förderung für das Kind oder die Familie hat.

Aus der Statusdiagnostik ergeben sich nur Förderziele, die an Normen orientiert sind. Bei Kindern mit leichten allgemeinen Entwicklungsverzögerungen oder bei Kindern mit Übungsdefiziten erscheint eine solche an Normwerten orientierte Diagnostik durchaus sinnvoll. In diesem Zusammenhang sei nur auf eine kurze (keineswegs vollständige Auflistung) einiger Verfahren verwiesen. Eine genauere Beschreibung findet sich z. B. bei Westhoff (1993).

Methoden der Statusdiagnostik (Fisseni 1990):

Entwicklungstests:

Babies:	– Denver-Test
	– Griffith-Skalen
	– Münchner Funktionelle Diagnostik
	– Vademecum-Screening-Test
	– Portage-Programme
	– Kiphard-Skala
Kleinkinder	– Snijders-Oomen Nicht-verbaler Intelligenztest
	– Szeno-Test
	– Kaufman ABC
	– Familien-Zeichen-Test
	– Kramer-Test
	– Mann-Zeichen-Test
	– Skalen zur Selbständigkeitsentwicklung

84 Förderdiagnostik

Leistungstests:
– z. B. Händigkeit
– Differenzieller Leistungstest für Kinder (ADHS)

Symptomchecklisten: – CBCL

Verwendete Abkürzungen: CBCL: Child Behaviour Checklist, Kaufman ABC: Kaufman Assessment Battery for Children; ADHS: Aufmerksamkeits-Hyperaktivitätsdefizit Syndrom

Für Kinder mit Behinderungen finden die obengenannten Verfahren kaum Einsatz, da sowohl Entwicklungs- oder Intelligenzquotienten sowie Normwerte kaum für die Förderung bedeutsam sind. Dadurch dass die Tests meist sprachlich-kognitiv ausgerichtet sind, ist es höchst fraglich, was diese Verfahren bei Kindern mit Behinderungen messen.

Theoretisch gehen die meisten dieser Verfahren von jeweils altersspezifischen Fähigkeiten und Fertigkeiten aus, d. h. von Leistungen, die ein gewisser Prozentsatz von Kindern zu einem spezifischen Lebenszeitpunkt vollbringt. Verfügt das Kind über diese Fähigkeit, bevor 50% aller Kinder diesen Entwicklungsschritt erreichen, spricht man von „Schnellentwicklern". Entwickelt das Kind diese Fähigkeit, nachdem 90% der Kinder diese erreicht haben, liegt statistisch ein Entwicklungsrisiko vor.

Problematisch erscheint eine solche vorschnelle Klassifizierung dann,

(a) wenn Eltern ganz andere Beobachtungen schildern,
(b) wenn Kinder Beobachtungsaufgaben (Items) überspringen bzw. über besondere Fähigkeiten in Einzelbereichen verfügen oder
(c) sich das Kind in einer fremden Situation befindet.

Als Beschreibungsmodell der Statusdiagnostik wird meist auf die unterschiedlichen Entwicklungsdomänen verwiesen:

– Grobmotorische Entwicklung
– Feinmotorische Entwicklung
– Sprachentwicklung unterscheidbar in expressive (Ausdruck) und rezeptive (Verständnis)
– Kognitive Entwicklung: unterscheidbar in Aspekte der Wahrnehmung, des Gedächtnisses und exekutiver Funktionen (Leistungen der Kognitionen, z. B. Abstrahieren, Klassenbildung)
– Emotional-motivationale Entwicklung: unterscheidbar in Grundstimmung, Aktivierung, Verhalten bei Herausforderungen, Interessen, Attachment (d. h. soziales Bindungsverhalten)
– Soziale Entwicklung: Kontaktaufnahme, Kontaktverhalten, soziale Interaktionen
– Entwicklung der Selbständigkeit (z. B. Essverhalten, Toilette, Kleidung)

Meist findet die Darstellung des Familiensystems bzw. die Teamarbeit wenig Platz in einer solchen Statusdiagnostik. Hauptkategorien der Elternarbeit sind der sozioökonomische Status, die Erziehungssituation (z. B. Alleinerzieherin), Geschwistersituation, Partnerschaft- und Familiendynamik, Sorgen und Hauptthemen in der Familie bzw. psychosoziale Ressourcen (Vorhandensein von Großeltern oder

eines sozialen Netzwerkes). Die Darstellung der transdisziplinären Arbeit reduziert sich auf kurze Eintragungen der Frequenz der Kontakte.
Statusdiagnostik schafft ein Bild des Kindes, der Familie oder der Teamarbeit. Aus diesem Bild werden normorientiert Förderziele formuliert. Diese nehmen nur in geringem Maße darauf Rücksicht, wie das Kind seine Welt erlebt, sondern betrachten überwiegend, was es kann oder nicht kann. Statusdiagnostik erscheint immer dann angebracht, wenn Eltern/Experten (vor allem für Gutachten) eine möglichst detaillierte Beschreibung der Defizite benötigen:

„entspricht einem Entwicklungsalter von"
„kann noch nicht"
„Entwicklungsrückstand von"
„im Vergleich zu Altersnormen"

b) Rekonstruktionsdiagnostik: Die Geschichte eines Menschen
Eine Rekonstruktionsdiagnostik geht davon aus, dass wir mittels unserer Wahrnehmungs-, Denk- und Handlungssysteme unsere Welt um uns nicht objektiv wahrnehmen, sondern „erschaffen". Eine mögliche externe Wirklichkeit existiert somit nur als interner Prozess der Verarbeitung dessen, was wir mittels unserer Wahrnehmungssysteme entschlüsseln können. Eine solche Weltkonstruktion erfolgt jedoch sinnvoll in Bezug auf interne und externe Entwicklungsaufgaben. Dies ist das Prinzip der „Koontogenese" (Maturana/Varela 1992): der gemeinsamen Koppelung von Wirklichkeiten als Motor der Weiterentwicklung. Entwicklungsprozesse laufen nicht automatisch ab, sondern entwickeln sich jeweils im Austausch mit der individuellen Wirklichkeit. Durch den Konstruktionsprozess wird Wirklichkeit immer wieder neu wahrgenommen, d. h. geschaffen.
Bei Kindern erleben wir dies immer wieder im Augenblick des Staunens und in dem Wunsch, „Wirklichkeiten" so lange nachzuspielen, bis sie in das eigene Erlebnissystem passen. Je aktivierender neue Situationen für ein Kind sind, desto energieaufwendiger ist dieser Prozess der Integration bzw. Konstruktion. Dieser Austausch erfolgt vornehmlich durch Handeln: Kinder zeichnen, bauen, schlüpfen in eine Rolle.
Frühförderung wird somit verstanden als Hilfe bzw. Unterstützung des Kindes, des Familiensystems, des Umfelds zu einer Konstruktion der Umwelt als Handlungsfeld. Wenn sich das Kind, die Familie, das therapeutische Team als Handelnde erleben, werden die Anpassungsmechanismen des Systems herausgefordert, ein Gleichgewicht zwischen äußeren und inneren Anforderungen zu schaffen. Die Qualität der Frühförderung, der Unterstützung hängt somit nicht primär vom Förderangebot ab, sondern von der Fähigkeit des kindlichen bzw. familiären „Organismus", die Angebote als Handlungsaufforderungen zu verwenden. Die Kunst des Helfers ist es, das zu *rekonstruieren*, was das kindliche System fähig ist, aufzunehmen. Somit rekonstruiert die Diagnostik den Konstruktionsprozess (Schiepek 1991). Voraussetzungen dafür sind

- entwicklungspsychologisches Wissen über Wahrnehmungs- und Konstruktionsprozesse beim Kind (z. B. Piaget 1980);
- Sensibilisierung der eigenen Wahrnehmung (z. B. durch gemeinsame Videoanalysen);

- Einbettung der Beobachtungen und Interpretationen in den „sinnvollen" Alltag des Kindes (Jetter 1999);
- gemeinsamer Austausch über die jeweiligen Interpretationsprozesse im Sinne systemischer Analysen (Spiess 1992).

Methoden der Elternarbeit können zirkuläre Fragen, Aufstellungen, Darstellungen am Familienbrett oder die Beschreibung von Kommunikationsprozessen in der Familie u. a. umfassen. Das Kind, die Familie, das therapeutische Team werden nicht als Mechanismus verstanden, der Inputs erhält, sondern als Handelnde, die Angebote aus der Umwelt in ihr eigenes System aktiv integrieren (Wiegand 1992). Als Kurzformel: Frühförderung ist das, was das Familiensystem daraus macht. Sie hängt somit in hohem Maße von den Handlungsmöglichkeiten des Systems ab.

Das ist grundlegend unterschiedlich zur Statusdiagnostik, bei der aufgrund von Fest- und Zuschreibungen Ziele formuliert werden. Ziel des Prozesses ist es, die Handlungsmöglichkeiten und Bedürfnisse des Kindes, der Familie, des therapeutischen Teams zu rekonstruieren und herauszufinden, mit welchen Möglichkeiten das Kind aktiv Umwelt verändern kann und sich als Handelnder erlebt. Diese Rekonstruktion schließt die Geschichte von Systemen ein und ist ein erzählender Prozess: Wir erzählen etwas über das Kind und beschreiben die „Konstruktionsprinzipien" und Bedürfnisse, die hinter den Handlungen liegen. Wir fragen uns, mit welchen Handlungen das Kind, die Familie und das Helfersystem ihre Welt für sich sinnvoll erschaffen und ob sie sich selbst behindern oder behindert werden.

Für den Diagnostiker ergeben sich somit folgende Hauptfragen:

a) Mit welchen Mitteln versucht das Kind, die Familie, das Helfersystem die jeweilige Umwelt aktiv zu gestalten? Mit welchen Mitteln erleben sich die Akteure als Handelnde?

b) Welche Bedürfnisse/Motive können wir beschreiben interpretieren und kommunizieren?

c) Welche Ziele können wir formulieren, um den handelnden Individuen höhere Autonomie zu ermöglichen?

d) Wie können wir die Umwelt gestalten, um dem Kind, der Familie bzw. dem Helfersystem eine autonome Bedürfnisbefriedigung zu ermöglichen?

Inhaltlich spiegelt sich dies in „Geschichten" wider: Standardisierte Verfahren können nur in beschränktem Maß diese Fragen beantworten (wie z. B. die Ginzburg-Skalen, Testbatterie für Geistig behinderte Kinder, Fröhlich-Skalen). Es sind vor allem narrative (erzählende) Verfahren, die vor dem Hintergrund der eigenen Erfahrungs- und Bedürfnisgeschichte eine Rekonstruktion ermöglichen. Dies kann als Methode einschließen:

- das Erzählen des Alltages der Familie,
- das Erzählen der Geschichte des Kindes/der Familie/des Helfersystems, wie es z. B. im Rahmen von Fallsupervisionen oder Fallintervisionen im Team möglich ist,
- der Perspektivenwechsel (Stellen Sie sich die Situation aus der Sicht des Kindes vor!),
- Uminterpretationen (Reframing): Hyperaktive Kinder sind auch sehr sensible Kinder gegenüber Umweltreizen.
- die Geschichte der positiven Absichten jeden Verhaltens
- Die Geschichte der Ausnahmen und Regeln,
- Rollenspiele (Ich als Kind ...),
- Phantasien und Hypothesen über Motive,
- Lerngeschichten erzählen (auslösende, aufrechterhaltende, behindernde und verstärkende Faktoren).

Anders als bei der Statusdiagnostik weist das Kind selbst den Weg der Förderung: Die Aufgabe des Diagnostikers ist es, die Verhaltensmöglichkeit des Kindes zu beobachten. Die Gestaltung der Umwelt erlaubt dann dem Kind, mit seinem Verhaltensrepertoire größere Autonomie zu erreichen: Die Kennzeichnung der Milchflasche mit kontrastreichen schwarz-weißen Streifen hilft dem sehgeschädigten Kind, den Gegenstand gezielter zu erfassen. Bei Kindern, die „übertherapiert" sind und wenig Eigeninitiative gelernt haben, bedeutet dies z. B., „aktiv nichts zu tun", um ihnen die Möglichkeit zu bieten, selbst aktiv zu werden. Das ist ein schwieriger Prozess, da dieses aktive „Sich-Zurücknehmen" des Heilpädagogen häufig mit Passivität bzw. Hilflosigkeit verwechselt werden könnte. Gerade bei Eltern und Helfern, die hohen Erwartungsdruck bei der Förderung zeigen, ist es äußerst wichtig, immer wieder auf die theoretische Basis eines solchen Modells hinzuweisen. Förderfortschritte geschehen meist in Phasen der Integrationsmöglichkeit (d. h. in den Ferien) und nicht in Phasen der Förderung. In der Förderpause ist das Kind fähig und hat Zeit, seine neuen Erfahrungen zu integrieren.

Förderdiagnostik, die einem rekonstruktivistischen Modell folgt, klärt, wie die Umweltbedingungen verändert werden können, um dem Kind, der Familie, dem Helfersystem zu ermöglichen, sich autonomer als Handelnde zu erleben. Die Veränderung der Umwelt ist überall dort hilfreich, wo das Kind, die Familie, das therapeutische Team sich selbst behindern:

- Das Kind lenkt sich durch seine körperliche Unruhe ab.
- Das Kind exploriert seine Umwelt oral.
- Das Kind benötigt die Mutter in jeder Situation als sichere Ausgangsbasis.
- Die Eltern demotivieren das Kind durch permanenten Förderdruck.

Dies mag bei Kindern mit Cerebralparese oder Hyperaktivität, in Familien mit erhöhtem Förderdruck oder in therapeutischen Teams mit starken Konkurrenzgefühlen der Fall sein. Es ist meist die Umwelt, die die Fähigkeiten von Kindern, sich aktiv mit der Welt auseinander zu setzen, einschränkt: Werden Anweisungen an Kinder mit Hyperaktivität siebenmal wiederholt, erlebt das Kind sein Nicht-Reagieren als Belohnung. Die Umwelt behindert das Kind, natürliche Konsequenzen zu lernen. Wird jede Alltagssituation zur Therapie, erhält das Kind permanent Botschaften, dass es nicht „okay" ist. Meist sind Motivationslosigkeit und Therapieunlust die Folge. Die Bedürfnisse der Kinder werden in beiden Fällen nicht berücksichtigt: bei Kindern mit Hyperaktivität die Notwendigkeit klarer Signale und Konsequenzen; bei Kindern mit Cerebralparese die Wichtigkeit von Freiräumen und des Spiels.

c) Interaktionistische Förderdiagnostik: Meine Beziehung zu Dir
Auch in der rekonstruktivistischen Förderdiagnostik neigen wir dazu, das Kind, die Familie, das Helfersystem als „Es", als formbare Objekte zu beschreiben. Wenn ich den anderen als Objekt (als zu Fördernden) betrachte, trete ich nicht in Kontakt mit ihm und bin nicht offen, etwas von ihm anzunehmen. Wir treten mit Menschen in Beziehung mit der Fähigkeit und dem Wunsch, etwas von uns zu geben, und uns dem anderen zu öffnen und uns zu zeigen, aber auch offen zu sein für den anderen. Das Gegenüber erhält dadurch Bedeutung für mich. Förderdiagnostik heißt, dass ich für Dich wichtig(er) werde, damit Du letztendlich in dieser Bedeutung, die ich dir schenke, für dich wichtig wirst. Meine Beziehung ermöglicht Dir, Dir in Deiner Besonderheit mehr zuzutrauen.

Zentrales Element der interaktionistischen Förderdiagnostik ist somit der Selbstwert des Menschen und der Beitrag der Fachkräfte zu seiner Festigung bzw. Steigerung (Satir 1992). Sowohl Status- als auch Rekonstruktionsdiagnostik objektivieren den Menschen. Im Interaktionsprozess gibt es kein „Es", keine Objektwerdung des anderen, sondern nur ein Du, das Erkennen des eigenen Ich in der Interaktion mit dem anderen. Hier treffen wir auch an die Grenzen der Sprache und der sprachlichen Beschreibbarkeit. Denn Sprache neigt in der Diagnostik zur Festschreibung, Etikettierung und somit zur Objektivierung. Objekte kann ich jedoch nicht fördern, sondern nur manipulieren oder gebrauchen.

Wie definiert ein Kind sein Selbstbild? Vornehmlich über die Reaktionen der anderen auf sein Verhalten. Ich schließe aus den Reaktionen der anderen, ob ich „okay" bin oder nicht. Gerade bei Kindern mit Entwicklungsrisiken erscheint jedoch diese „okay"-Botschaft in höchstem Maße gefährdet: sei es durch die Schock- oder Trauerreaktion der Eltern, durch erhöhten therapeutischen Druck oder durch erlebte Handlungseinschränkungen. Interaktionistische Förderdiagnostik klärt, welche Botschaften Fachkräfte dem Kind, der Familie, dem Helfersystem in ihren Handlungen senden. Mit welchem Verhalten senden sie ein „Du bist okay, ich anerkenne Dich als Menschen auf der Beziehungsebene, so wie du mich anerkennst"?

Dieser Wunsch nach Anerkennung ist eines der wichtigsten Bedürfnisse des Menschen. Anerkennung ist jedoch nicht gleich Anerkennung. „Strokes" (streicheln) definiert als Einheiten der Anerkennung sind – gerade in der förderdiagnostische Arbeit – zu differenzieren (Dirnberger 1999) und können unterschiedliche Bedeutung für die Frühförderin haben (Tabelle 11).

Gerade am Beginn der Frühförderung sind die bedingungslosen „Strokes" Nahrung für unsere Seele, aus der wir unser Lebensgrundwertgefühl und unsere Lebensposition aufbauen. Den Menschen mit Behinderung zu akzeptieren heißt, bedingungslose Strokes als Resonanz auf sein Sein zu geben. Für die Selbstevaluation bieten sich folgende Fragen an:

Tabelle 11: „Strokes" und ihre Bedeutung in der Frühförderung

Arten der Anerkennung/ der „Strokes"	Beispiel	Bedeutung für die Frühförderung	Bezug zur Diagnostik
bedingungslos positiv	„Es ist schön, dass du da bist!"	Basis der Beziehungsarbeit	Beziehungsdiagnostik
bedingt positiv	„Das hast du gut gemacht!"	Hängt stark von der Fähigkeit der Frühförderin ab, erreichbare Ziele zu formulieren.	Rekonstruktionsdiagnostik (Eingehen auf Bedürfnisse und Fähigkeiten)
bedingt negativ	„Dein Turm ist nicht schön!"	Kann bei Leistungsaspekten eine Rolle spielen.	Statusdiagnostik
bedingungslos negativ	„Ich mag dich nicht!"	Dies stellt keine Arbeitsbasis für die Frühförderung dar.	Dies hat nichts mit Diagnostik, sondern mit Vorurteilen zu tun.

– Welche Beziehungssignale kann ich aufgrund meiner Lebensgeschichte wahrnehmen? Dieser Aspekt sollte vor allem in Selbsterfahrungsseminaren beachtet werden.
– Inwieweit unterscheiden sich für mich private und berufliche Beziehungsangebote? Gerade in der Krisenintervention ist diese Unterscheidung zwischen persönlicher Betroffenheit und professionellem Auftrag wichtig (Pretis 1999b).
– Welche Beziehungssignale schickt mir das Kind, die Familie, das Helfersystem?
– Welche Beziehungssignale verwende ich bewusst, um das Kind, die Familie zu unterstützen?

Im ersten Eindruck mag dies als hochgradig subjektiv und spekulativ angesehen werden. Durch Selbstreflexion und Fremdevaluation (z. B. Videoanalyse) werden meine Beziehungssignale beschreibbar und veränderbar. Das erfordert prinzipiell die Offenheit, sich mit eigenem Verhalten, eigenen Emotionen auseinander zu setzen. Wahrnehmungen können kommuniziert und an der sozialen Wirklichkeit geprüft werden. In der gemeinsamen Kommunikation verlassen wir den Nimbus des Spekulativen und „naturwissenschaftlich nicht messbaren Emotionalen", wie häufig der Vorwurf von streng (natur)wissenschaftlichen Berufsgruppen zu hören ist.

Ist dann Förderdiagnostik überhaupt noch möglich und welche Ziele können auf dieser Basis beschrieben werden? Sie ist eine Darstellung der Beziehungssignale (Tabelle 12) zwischen mir und dem Kind und jener Botschaften, die ich dem Kind/der Familie sende.

Tabelle 12: Beziehungssignale und deren Bedeutung für die Eltern

erlebte Unterstützung durch die Eltern	Mein Beziehungssignal als Frühförderin
Kontinuität	Ich komme regelmäßig.
Klarheit der Aussagen	Ich fühle mich sicher und kompetent in der Arbeit.
Ansprechbarkeit	Ich höre Dir zu.
Fachliche Kompetenz	Ich vertraue in die Kompetenz des Kindes.

Für die Förderdiagnostik stellen sich folgende Fragen:

– Welche Beziehungsangebote möchte ich dem Kind, der Familie oder dem Helfersystem übermitteln?
– Wie kann ich diese Beziehungsangebote umsetzen, welche Verhaltensrepertoires habe ich?
– Wie werden meine Beziehungsangebote erlebt und interpretiert?

Methodisch dient vor allem der Prozess der Selbst- und Fremdreflexion (mit den Eltern, aber auch dem Team) dazu, Beziehungsdiagnostik zu gestalten:

– Was fällt mir leicht in der Frühförderung bei diesem oder jenem Kind, der Familie, dem Helfersystem?
– Wo merke ich Hindernisse und wie stehen diese im Zusammenhang mit meinem Interaktionsverhalten?
– Welche Aufträge (Beziehungsdefinitionen) möchte ich übernehmen, welche möchte ich nicht übernehmen? Was passiert mit letzteren?
– Was kann ich dem Kind, der Familie, dem Team durch meine Interaktionsangebote geben?
– Welche Lernerfahrungen mache ich durch meine berufliche Beziehung und wie integriere ich diese in meine Beziehungsrepertoires?

Die Beantwortung dieser Fragen erzeugt Zielformulierungen, die weit über das Beschreiben von Testdaten hinausgehen, da sie die Fachkraft betreffen. Interaktionistische Förderdiagnostik betont die Bedeutung des Beziehungsangebotes an das Kind, die Familie oder das Helfersystem, da durch das Beziehungsangebot etwas Neues und anderes in Systeme eingebracht wird und somit neue Erfahrungsmöglichkeiten für das Kind, die Familie und Helfer entstehen.

5.3 Das Ergebnis des förderdiagnostischen Prozesses

Das Ergebnis des förderdiagnostischen Prozesses ist ein „Übereinkommen" über den Prozess der Förderung und die Beziehungsgestaltung (=Contracting). Inhaltlich bezieht sich dieser Vertrag einerseits auf gemeinsame minimale Bedingungen der Arbeit und Verantwortlichkeit, andererseits auf konkrete Förderziele. Der Vertrag kann im Bedarfsfall schriftlich formuliert werden. Wenn dieses Arbeitsbündnis sowohl die Eltern als auch die Frühförderin und das Helfersystem als aktive, verantwortungstragende Kooperierende beschreibt, verkörpert es die Basis für Partnerschaftlichkeit.

Grundvoraussetzungen für die Vertragsfähigkeit (Dirnberger 1995) sind
a) beiderseitiges Einverständnis,
b) angemessene Vergütung der Leistungen zwischen Therapeut und Klienten,
c) gegenseitig zugeschriebene Kompetenz und
d) Gesetzlichkeit bzw. moralische Vertretbarkeit.

Da die Eltern Vermittler im Vertragsprozess sind, kommt ihnen die Doppelposition zu, einerseits die Interessen des Kindes, andererseits die eigenen zu vertreten. Aufgrund dieser Doppelposition erhält das Contracting somit eine überragende Bedeutung, da es den Handlungsraum, Rollenerwartungen und Aufträge definiert.

In der Praxis wird dem Aufbau dieses Arbeitsbündnisses jedoch häufig zu wenig Zeit gewidmet. Die Zielformulierung gemeinsam mit den Eltern und dem Helfersystem ist der halbe Weg der Frühförderung und ein Garant für die Qualität. Abbildung 18 gibt das Beispiel eines „Arbeitsbündnisses" zwischen Frühförderin und Eltern wider.

Analog zur Psychotherapie ist das Formulieren von Zielen und das Eingehen auf einen „Therapievertrag" bereits der halbe Heilungsprozess. Gerade bei Kindern mit Behinderungen ist diese Anfangsphase, erreichbare Ziele zu formulieren, ein wichtiger Schritt in Richtung Normalisierung. Eltern beginnen damit, ihr „wirkliches" Kind zu sehen.

Auch eine Neubestimmung von Zielen innerhalb des Prozesses kann als Erfolg der Förderung gesehen werden: Wenn Hindernisse oder Veränderungen berücksichtigt werden, derentwegen die ursprünglichen Ziele modifiziert wurden. Die Möglichkeit einer Neuanpassung ist somit ein wichtiger Faktor der Qualitätssicherung. Wann immer Ziele verändert werden, ist die primäre Frage jene nach der Tragfähigkeit des Arbeitsbündnisses. Vor einer Neuformulierung eines Zieles sollte abgeklärt werden, ob die Rahmenbedingungen für alle Partner weitere gemeinsame Arbeitsschritte ermöglichen. Andernfalls ist die Beziehungsebene anzusprechen. Der Prozess des Contracting selbst ist vor allem ein kommunikativer, der einerseits inhaltliche Kompetenzen (was soll der Förderprozess beinhalten), andererseits kommunikative Strategien (wie gestalten wir unsere Arbeitsbeziehung) umfasst.

Als rollierender Austauschprozess ist Förderdiagnostik die Basis der (Ergebnis-)Qualitätssicherung der Frühförderung selbst. Rollierend bedeutet in diesem Zusammenhang, dass kontinuierlich überprüft werden sollte, ob der Prozess der Frühförderung in Übereinstimmung mit formulierten Zielen und den Beziehungsangeboten steht.

92 Förderdiagnostik

Name des Kindes:

Name der Erziehungsberechtigten:

Name der Frühförderin:

Zuweisungsdiagnose: allgemeine Entwicklungsverzögerung, beginnendes Vermeidungsverhalten in Anforderungssituationen

	Kindorientierte Förderung	Elternarbeit	Transdisziplinäre Zusammenarbeit
Positiv formulierte Ziele aus der Förderdiagnostik	Förderung der Eigenaktivität: durch kreative Langeweile und durch Verstärkung der Interessen.	Erarbeiten von Möglichkeiten der Umweltgestaltung und Klärung der Erziehungskompetenz: Vor allem der Vater soll dem Kind mehr Eigeninitiative zutrauen.	Koordination der Aktivitäten, Reduktion möglicher paralleler Prozesse: Treffen mit dem Kinderarzt und der Logopädin.
Beitrag von Seiten der Frühförderin	Genaue Beobachtung des Kindes. Aufnahme aktiver Spielwünsche.	Fachinformation über Fördermaterial, Rückmeldungen, wie die Erziehung erlebt wird.	Information anderer Teammitglieder über Förderschritte
Beitrag von Seiten der Eltern	Beobachten und gewähren lassen.	Interesse und Ausprobieren.	Ein gemeinsames Gespräch mit dem Kinderarzt.
Welche Rahmenbedingungen benötigen wir dafür?	Zeitrahmen: z.B. maximal 20 Minuten.	Anwesenheit der Mutter oder des Vaters.	Definierter Zeitplan: einmal in 4 Monaten.
Wie erkennen wir das Erreichen des Ziels?	Das Kind ist aktiv und geht kreativ mit dem Material um.	Die Eltern bemerken eine Veränderung: Ihr Kind beschäftigt sich 10 Minuten alleine.	Klarheit, wer im Helfersystem welche Aufgabe übernimmt. Keine Doppelgleisigkeiten.
Wie erfolgt der Austausch?	Gespräch über den Förderverlauf. Betrachten von Videos.	Einmal im Monat gemeinsames Gespräch mit dem Vater.	Reflexionsgespräch und schriftliche Information.
Als förderlich und hemmend erlebte Faktoren	Ungeduld	Zeitdruck	Fehlende Vorbereitung, Zeitdruck

Unterschrift der Frühförderin Unterschrift der Eltern

Abbildung 18: Beispiel eines „Arbeitsbündnisses"

Fragen zur Selbstevaluation 5 (teilweise bereits im Text enthalten):

a) Inwieweit stellt Förderdiagnostik einen integrativen Bestandteil der gesamten Frühförderphilosophie in meiner Institution dar?

b) Wie spiegelt sich dies auf einer Verhaltensebene wider? Wie „erfahre" ich als Arbeitnehmer, dass Förderdiagnostik wichtig ist?

c) Woran erkennen die Eltern, dass Förderdiagnostik wichtig ist?

d) Stehen in der Frühförderstelle die geeigneten Mittel zur Verfügung?

e) Wie viel Zeit wird im Team der förderdiagnostischen Arbeit eingeräumt?

f) Inwiefern gibt es Alternativen bzw. Wahlmöglichkeiten anzuwendender Methoden?

g) Verfüge ich über persönliche Fähigkeiten und Fertigkeiten, förderdiagnostische Arbeit durchzuführen?

h) Inwieweit ist es ein integrativer Teil meiner persönlichen Frühförderarbeit, die notwendigen Rahmenbedingungen für Förderdiagnostik in der Familie selbst zu schaffen?

i) Welche Strukturen begünstigen/hemmen förderdiagnostische Prozesse in meinem Team?

j) Ermöglichen es die strukturellen Rahmenbedingungen, dass Förderdiagnostik als transdisziplinärer Prozess verstanden werden kann?

k) Welcher sprachlicher Mittel bediene ich mich bei der Förderdiagnostik?

l) In welchem Bereich der Diagnostik liegen meine Stärken, wo kann ich Unterstützung erhalten in jenen Aspekten, in denen ich mich nicht so sicher fühle?

m) Wodurch erkenne ich als Frühförderin, dass ich mir meiner eigenen Wahrnehmungsmuster bewusst bin?

n) Inwieweit verfüge ich über kommunikative Strategien, meine eigenen Wahrnehmungen und Interpretationen mit jenen der Familie, des Kindes oder des Teams auszutauschen?

o) Wie beende ich persönlich den förderdiagnostischen Teil?

p) Inwiefern gelingt es mir selbst, mich an Kontrakte zu halten?

6 Fördern, ohne zu überfordern

Der Förderprozess ist sowohl für die Familie als auch für das Kind eine Gratwanderung zwischen den persönlichen Entwicklungswegen und abstrakteren Bildungszielen (z. B. Schulreife): Das Prinzip der „verlängerten Normalität" (Carpenter 1999) verdeutlicht dieses Spannungsverhältnis zwischen individuellem Entwicklungstempo und statistischer Normalität. Kinder mit besonderen Bedürfnissen durchlaufen Entwicklungsprozesse in der gleichen Abfolge wie sich normal entwickelnde Kinder, jedoch langsamer, d. h. mit zeitlicher Verzögerung (Sarimski 1989). Diese verlängerte Zeitperspektive fordert das Vertrauen der Bezugspersonen in die Entwicklungspotenzen des Kindes maximal heraus.

Die Eltern erleben meist ein Mehr an Erziehungsarbeit (Pretis 1998b), da die spezifischen Entwicklungsphasen zeitlich verlängert sind: Dies mag die Sauberkeitserziehung betreffen, Fähigkeiten der Selbständigkeit oder die erhöhte körperliche Belastung beim Tragen des Kindes. Geduld zu haben und das Kind gewähren zu lassen, sich in seinem Tempo zu entwickeln, kontrastieren mit dem Wunsch, „Heilung" zu finden oder Fortschritte erzwingen zu wollen. In der Supervision zeigt sich häufig, dass sowohl innerhalb der Familie als auch zwischen Eltern und der Frühförderin ein Prozess des sich abwechselnden Gewährens und Forderns stattfindet (Abbildung 19).

Angestrebt wird Sicherheit, Kontrollierbarkeit der Situation und Vorsehbarkeit, d. h. eine Stabilität in der Familie, die es für alle Familienmitglieder erlaubt, normalisierten Lebensrhythmen zu folgen.

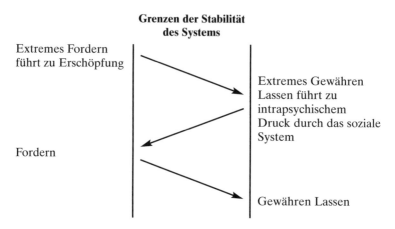

Abbildung 19: Die Spannung zwischen Fordern und Aufgeben

Exkurs: Über die Stabilität von Systemen
Dynamische Veränderung – wie in Abbildung 19 beschrieben – ist im Rahmen von Stabilitätsgrenzen positiv, da sie Weiterentwicklung ermöglicht (Capra 1991). Die Chaostheorie verwendet dafür den Begriff der Systeminstabilität, die es erlaubt, höhere Grade der Ordnung (fern vom thermodynamischen Gleichgewicht) zu erreichen. Je weiter jedoch das Pendel in Richtung Überaktivität und Erschöpfung ausschlägt, desto mehr Energie muss dem System wieder zugeführt werden, damit es in ein Gleichgewicht gelangt: Dies geschieht durch Bremsen oder durch neue Impulsgebung. Beides führt dazu, dass die Systemdynamik dieselbe bleibt. Nur wenn sich qualitativ etwas ändert und Neues entsteht, kann höhere Ordnung erreicht werden.

Gute Ratschläge oder Druck vom Helfersystem, doch endlich diese oder jene Maßnahme zu ergreifen oder sein zu lassen, führen weniger zu Stabilisierungen, sondern eher zu Schuldgefühlen, für das Kind nicht alles Erdenkliche getan zu haben. Oder aber die Helfer werden abgewertet: „Das nützt nicht!" Unterstützungsversuche der Familie, die auf Veränderungsvorschlägen basieren (Tun Sie doch dies oder jenes), erzeugen Versagensängste und schwindende Mitarbeit. Letztendlich stabilisiert nicht Energiezufuhr von außen das System, sondern das Auffinden eigener Ressourcen: Soziale Unterstützung durch familienentlastende Dienste aufsuchen, sich wieder seiner eigenen Kräfte und Möglichkeiten bewusst werden (Weiß 1992a), neue Kompetenzen bei sich erkennen (Empowerment) oder Schutzfaktoren aktivieren.

Die beiden Extrempositionen, Fordern und Gewährenlassen, gehen mit Kommunikationsformen und Reaktionen des Kindes, der Familie und des Helfersystems einher, die sich in hohem Grad durch Widersprüchlichkeit auszeichnen. Um beim Bild des Pendels zu bleiben: Der Energieaufwand der Stabilisierung (durch die Fachkraft) ist ähnlich hoch wie jener der Systembewegung. Die Frühförderin benötigt hohe fachliche und kommunikative Sicherheit, um nicht die jeweils andere Extremsituation einzunehmen. Dazu kommt, dass beide Extremformen durchaus auch (verführerisch) positive Arbeitsbedingungen für die Frühförderin mit sich bringen (Tabelle 13).

Eltern schildern, dass neue Kontakte mit Helfern diese Pendelprozesse immer wieder in Gang zu setzen drohen. Dies liegt daran, dass Helfersysteme dazu neigen, ihre Leistungen anzubieten und nicht sosehr wahrzunehmen, was die Familie braucht. Wie aus Elternberichten (Beuys 1993) und Selbsthilfegruppen hervorgeht, ist es ein langer Weg, bis eine Familie für sich entscheiden kann, welches Hilfsangebot sie annimmt und welches sie auch ablehnen darf.

Kann Frühförderung etwas qualitativ anderes anbieten? Was Frühförderinnen verunsichert, nämlich die Offenheit der Methodik, stellt gerade ihre große Chance dar: die Selbstbefähigung der Eltern, die Begleitung in unterschiedlichen Lebenssituationen, die Stärkung der Eigenkompetenzen und der Schutzfaktoren. Wenn es gelingt, die Väter in die Förderprozesse zu integrieren, wenn häusliche Aufgaben aufgeteilt werden, ein soziales Netzwerk vorliegt und Alltagsroutinen entwickelt werden können (Finger 1992).

Die verwendeten Begrifflichkeiten weisen freilich die Tendenz auf, diffus zu bleiben (Weiß 1992), sodass der Wunsch nach klaren Methoden verständlich bleibt. Der Prozess des gemeinsamen Suchens von Ressourcen in der Lebenswelt der Betroffenen steht im Vordergrund. Gemeinsame Wege zu finden ist das Ziel (Böhm 1992), nicht das Durchlaufen vorstrukturierter Programmschritte. Dies

Tabelle 13: Die Ambivalenz der Extreme

Arbeitsbedingungen	Reaktionsformen bei extremem Förderdruck	Reaktionsformen bei extremem Gewähren Lassen
Kind –	Abwehr (nicht hier sein wollen, schlafen, Hunger, Müdigkeit)	Symptome der Vernachlässigung
Kind +	Identifikation: „Ich will entsprechen!"	Gewährung von Freiraum
Familie –	Pädagogisierung des Alltags, Verlust des Lustcharakters von Spielen	Aufgabe der Hoffnung
Familie +	Wunsch, alles Erdenkliche tun zu wollen	Naives Vertrauen, dass es Lösungen geben wird
Helfersystem –	Permanenter Stress, mehr bieten zu müssen, dem Erwartungsdruck entsprechen	Ignoranz gegenüber Vorschlägen von Helfern
Helfersystem +	Hohe Mitarbeit, Möglichkeit, die eigene Arbeit an Eltern zu delegieren	Die Handlungsfähigkeit wird an die Helfer delegiert: Die Helfer können alles, ich kann nichts.

Anmerkung: +/– positive bzw. negative Arbeitsbedingungen für die Fachkraft

spricht nicht gegen ein methodisches Vorgehen: Hypothesen, Begründungen und Zielformulierungen haben nichts mit der Anwendung konkreter Patentrezepte zu tun.

Eine Detaillierung von Programmen (Straßmeier 1981, Pieterse et al. 1989) kann hohe Sicherheit für die Fachkraft vermitteln und Phantasien, dass Entwicklung „machbar" sei. Auch das ansonst sehr strukturierte Portage-Programm (Bluma et al. 1976) mit klaren Übungsanweisungen für die Mütter passt sich in der neuen überarbeiteten Fassung (CESA 1995) mehr den Bedürfnissen der Familien an. Eine Spaltung in „fittere" Kinder, die ein Programm durchlaufen, und in „schwerbehinderte" würde Tendenzen in unserer Gesellschaft entgegenkommen, die Zweifel am Sinn der Förderung schwerstbehinderter Kinder hegen.

Die Ansprechbarkeit für viele Fragen (siehe Tabelle 14) – nicht nur für therapierelevante (Jaehne et al. 1995) – ist das Herausragende der Frühförderung: Sie transportiert Kontinuität der Begleitung, Handlungskompetenz in emotionalen Notlagen (z. B. Krisenintervention) sowie Fachwissen. Dies kann unter Ganzheitlichkeit verstanden werden und schließt auch spirituelle Faktoren ein:

– *„Warum ist dies uns passiert?"*
– *„Welchen Sinn hat die Behinderung für unsere Familie?"*

Isolierte funktionsorientierte Interventionstechniken, z. B. rein motorische Übungen mit dem Kind, sind nur in beschränktem Maße in der Lage, darauf Antworten zu geben (Wilken 1999).

Tabelle 14: Häufige Fragen am Beginn des Förderprozesses:

Familie	Perspektive	Intervention	Voraussetzung für die Fachkraft
Was ist mit meinem Kind und mit uns los?	Wissen im Hier und Jetzt	Information, Verwendung von Beschreibungsmodellen	Fachwissen der Frühförderin, Vertrautheit mit unterschiedlichen Beschreibungsmodellen
Warum ist dies geschehen?	Gefühl im Hier und Jetzt und in der Vergangenheit	Emotionale Unterstützung in Trauer, Aggression und Schuld	Persönliche Stabilität, zuhören können, mitfühlen, Strukturierung von Aufträgen, Einschätzung von Situationen, Intuition
Was können wir tun, um unser Kind zu fördern	Tun im Hier und Jetzt	Umwelt- und Beziehungsgestaltung	Kreativität, Spontaneität, Veränderungswissen, Fördermethoden
Wie wird die Zukunft aussehen?	Gefühl und Wissen in der Zukunft	Gespräche über Bilder der Zukunft, Realitätsprüfung, objektives Wissen	Kommunikationsfähigkeit, Netzwerkwissen

Die oben angeführten Fragen erfordern Beratungskompetenz, nicht vornehmlich den Einsatz spezieller Fördertechniken. Eltern sind auf Behinderung meist nicht vorbereitet. Da die Frühförderin in diesem Bereich Erfahrung hat, kann sie gerade am Beginn der Auseinandersetzung ein Realitätskorrektiv darstellen: Sie verfügt über Bilder der Behinderung, die über die „Einzelbedrohung" der Familie hinausgehen. Die Fähigkeit zu unterstützen beruht auf einem doppelten Vertrauen: und zwar einerseits in die Entwicklungsfähigkeiten jeder einzelnen Familie, andererseits in die eigene Handlungsfähigkeit. Sowohl meine persönliche Erfahrung als begleitender Psychologe als auch Berichte in der Literatur verdeutlichen, dass die meisten Familien über Ressourcen und Fähigkeiten verfügen, mit der Situation fertig zu werden und den Alltag zu bewältigen (Carr 1978).

Die Qualität dieses Normalisierungsprozesses kann jedoch maßgeblich von Unterstützungsstrukturen beeinflusst werden. Das berichten vor allem Eltern, die diese frühen Betreuungsformen nicht in Anspruch nehmen konnten. Sie beschreiben den energieraubenden Prozess, mit dem sie jeden kleinen Erfolg erkämpfen mussten, sei es in der Entwicklung des Kindes oder auf sozialpolitischer Ebene.

Frühförderung – nunmehr ein Viertel Jahrhundert alt – kann als präventiv-rehabilitative Maßnahme keine Wunder vollbringen: Diese sind – mit beabsichtigter Kritik, dass das Prinzip Hoffnung allzu leicht käuflich ist – jeweils *neuesten revolutionierenden* Therapiemethoden, meist in Übersee oder in Russland, *vorbehalten*. Ein kurzer Blick ins Internet, Suchbegriff „Therapie und Down Syndrom" verdeutlicht die Buntheit und auch Verführbarkeit durch den Begriff. Um nur einige Highlights des „Therapierens" zu nennen: Vitamintherapie (keine spezifische Wirkung), Therapie mit Piracetam (abzuraten aufgrund zweifelhafter therapeutischer Wirksamkeit, Langbein et al. 1983), Hypnose (!?), Aminosäuren (teilweise verboten in den USA), „Ernährungstherapien" usw.

Der Frühförderprozess kann Entwicklung unterstützen, nicht jedoch erzwingen. Gemeinsam werden Wege erarbeitet, wie die Familie mit ihrem Kind mit besonderen Bedürfnissen normalisierte Lebensbedingungen schaffen kann. Darin ist ein fundamentaler Unterschied zu medizinischen Interventionsmodellen zu sehen, die auf kausaler Beeinflussbarkeit und Heilung beruhen. Heilung ist kein Zielbegriff der Frühförderung. Wohl aber können mögliche Hindernisse bei der Entfaltung von Entwicklungsressourcen beschrieben und vielleicht abgebaut werden. Damit werden Energien frei für das Wachstum von Fähigkeiten: für das Kind oder die Familie.

Die Hemmnisse am Weg der Erziehung eines Kindes mit besonderen Bedürfnissen sind vielfältig: Die Umwelt stigmatisiert und isoliert, oder administrative Strukturen legen Stolpersteine: „Ich bin nicht zuständig." Die eigene emotionale Betroffenheit lässt Eltern zwischen Hoffnung und Verzweiflung hin- und herpendeln. Mehr Zeit wird für Therapien benötigt, das Kind ist möglicherweise in seiner Handlungsfähigkeit eingeschränkt u. a. (Canning 1995, Badelt/Österle 1993).

Ist Entwicklung mittels Förderung beeinflussbar? Ja, indem Entwicklungsbedingungen gestaltet werden können. (Bronfenbrenner 1981). Dies betrifft z. B. Entwicklungsprozesse, die durch Angebote von außen beschleunigt werden können. Diese erfordern beim Kind einen „Erwartungsprozess" bzw. eine erhöhte Sensibilität in unterschiedlichen Lebensphasen. Gerade bei diesen „erfahrungserwartenden" Entwicklungsprozessen (Petermann et al. 1999, 87ff) spricht die „Hebammenfunktion" der Förderung dafür, dass Lebensräume gestaltet werden, die das Auftreten des Prozesses begünstigen. Der Organismus scheint sich somit in „kritischen Phasen" auf arttypische Erfahrungen vorzubereiten (Petermann et al. 1999, 82). Es darf angenommen werden, dass gerade bei Kinder mit besonderen Bedürfnissen die Förderung erfahrungserwartender Prozesse ausschlaggebend ist. Die „verlängerte Normalität" sowie die Unsicherheit der Eltern, die Signale ihres Kindes richtig zu interpretieren, erfordern spezielle Aufmerksamkeit, wann welcher „Welterfahrungskanal" offen ist gegenüber neuen Handlungsmöglichkeiten.

Die Unterscheidung zu „erfahrungsabhängigen" Prozessen ist wichtig, da letztere lebenslang möglich sind und nur eine behinderungsspezifische Didaktik benötigen, um integriert werden zu können. Um Englisch zu lernen (erfahrungsabhängig), wird mindestens ein Englischbuch benötigt. Um sprechen zu lernen (erfahrungserwartend) wird in gewissen Phasen (im 2. bis zum 5. Lebensjahr) eine Umgebung benötigt, die sprachliche Äußerungen fördert.

> **Exkurs: Synapsenbildung**
> Auf der Ebene der Synapsenbildung spricht einiges für die Beeinflussbarkeit erfahrungserwartender Prozesse (Greenough/Black 1992, zit. n. Petermann et al. 1999). Eine vereinfachende Darstellung der Ergebnisse der Frühförderung bei Kindern mit Down-Syndrom zeigt in verblüffender Weise ähnliche Kurvenverläufe (Dunst et al. 1989, Shonkoff et al. 1992, Spiker/Hopman 1997, Pretis 1998b). Synapsenbildung und Erfahrungen bzw. Entwicklung und Förderung stehen in vergleichbaren Zusammenhängen (Abbildung 20).

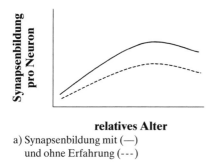 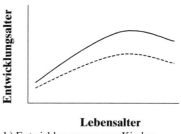

a) Synapsenbildung mit (—)
und ohne Erfahrung (---)
relatives Alter

b) Entwicklungswege von Kindern
mit Down-Syndrom mit (—)
und ohne Förderung (---)
Lebensalter

Abbildung 20: Erfahrungs-erwartende Analogien

Wie aber fördern, ohne zu überfordern? Eine häufige Frage betrifft das Spannungsverhältnis zwischen den Fähigkeiten des Kindes und seiner Motivation: „Kann mein Kind etwas nicht oder ist es nicht motiviert dazu?" Für viele Eltern scheint von dieser Frage die Einschätzung jener Energie abzuhängen, die sie bereit sind zu investieren: Welchen Unterschied jedoch macht eine Differenzierung zwischen Fähigkeit und Motivation im Hier und Jetzt?

Häufig betrifft die Unterscheidung Fähigkeit/Motivation mögliche Prognosen wie z. B. eine geistige Behinderung. Wie würde sich das Verhalten der Beteiligten ändern, wenn die Diagnose gestellt werden könnte? Gerade im frühen Kindesalter sollte nicht von einer „geistigen Behinderung" gesprochen werden. Eltern wünschen sich, Situationen kontrollieren zu können und vorhersehbar zu machen. Die Sorgen der Eltern sind verständlich und drücken sich in Gefühlen aus. Prognostik muss damit beginnen, Menschen im Hier und Jetzt handlungsfähig zu machen. Nur handelnde Menschen schaffen kontinuierlich die Entwicklungsbedingungen für sich und das Kind – unabhängig von einer Entwicklungsverzögerung, psychomotorischen Retardierung, Oligophrenie, um nur einige gängige Begriffe zu nennen. Genau diese Handlungsfähigkeit der Familie, die in der Organisation des Alltäglichen ihre Wurzeln hat, ist gerade bei Kindern mit schweren Behinderungen bisweilen bedroht. Handeln ist somit immer in gegenwärtige Emotion, Verhalten und Denken gebettet. Wie sich dies ausdrückt, kann stark von der Geschichte oder den Wünschen des Individuums geprägt sein.

Die entscheidende Frage ist jene nach den gegenwärtig bedeutsamen Bedürfnissen des Kindes und der Eltern (oder anderer Bezugspersonen), nicht die nach der Zukunft:

– Welche Bedeutung hat eine Prognosemöglichkeit in der gegenwärtigen Sicht für die Eltern?
– Was würde sich verändern, wenn eine Prognose möglich wäre?

Motivation und Verhalten sind zwei Seiten einer Medaille (Abbildung 21). Ohne Motivation kein Handeln, ohne Handlungsfähigkeit wird Hilflosigkeit erlebt.

Wenn das Motiv (Bedürfnis, Ziel) für die Lebenswelt des Kindes bedeutsam genug ist, wird das Kind, die Familie mit allen ihren Mitteln versuchen, dieses zu erreichen. Meist folgen jedoch die Eltern anderen Bedürfnissen: Das Kind

Abbildung 21: Motivation und Handeln

möchte spielerisch seine Zeit verbringen, die Eltern und Lehrer drängen zu schulvorbereitenden Übungen u. a.

Im Zielerreichungsprozess hebt diese unterschiedliche Bedürftigkeit die Bedeutung der Förderdiagnostik hervor: Über welche Handlungsmöglichkeiten verfügt das Kind, um seine Motive zu erreichen? Wer hat welche Erwartungen? Entwicklungsförderung ohne gleichzeitige Motivationsförderung ist Training ohne Sinn. Eine Spaltung in ein „Entweder-oder" sollte durch ein „Sowohl-als auch" erweitert werden.

Motivation ist generell Energie. Das Etikett „Behinderung" schafft für jede Familie eine solche hohe Aktivierung, wobei weder die Familien noch die Gesellschaft darauf vorbereitet sind:

> „Ich hatte nie Kontakt mit Müttern behinderter Kinder. Es trifft einen völlig unvorbereitet. Alles war weit weg. Ich habe einen großen Bogen um Behinderte gemacht und gedacht: Die arme Mutter. Selbst wenn die Eltern in der Theorie körperliche und geistige Behinderung nicht als Makel sehen, teilen sie doch mit allen die völlige Unkenntnis über das Leben mit einem behinderten Kind" (Beuys 1993, 40).

Weil Handlungsmodelle und Informationen fehlen, fließt psychische Energie anfangs vor allem in Suchprozesse:

- Wer kann eine Diagnose stellen?
- Wo gibt es passende Therapieangebote?
- Wo erhalte ich finanzielle Unterstützung?
- Wie finde ich einen Platz in der Kinderkrippe, im Kindergarten?

Für die alltägliche Erziehungsarbeit, das Normalisieren des Alltages bleibt bisweilen wenig Energie – meist verbunden mit latenten Schuldgefühlen der Mütter, nicht genug für das Kind zu tun.

Förderdruck entsteht überall dort, wo Eltern den Sinn der Fördermaßnahmen nicht verstehen oder nachvollziehen können, oder wo wahrgenommen wird, dass das Kind Unlust erlebt und äußert (Pretis 1999a). In solchen Fällen stimmen die Bedürfnisse der Familie mit Programmmöglichkeiten nicht überein. Dies würde jedoch nur bedeuten, dass jene Intervention, die angewandt wird, an den Bedürfnissen der Familie vorbeigeht. Der Einwand der Fachkräfte, dass nicht alle Bedürfnisse der Eltern konstruktiv für den Förderprozess sind, mag stimmen. Wichtig ist es, zwischen Bedürfnis und Verhalten zu unterscheiden:

– Enttäuschung und Wut über das Kind mit Behinderung ausdrücken zu wollen (Bedürfnis), bedeutet nicht, den aggressiven Umgang mit dem Kind (Verhalten) gut zu heißen.
– Die Frühförderin mag das Ziel der Familie nach bestmöglicher Therapie respektieren (Bedürfnis), nicht jedoch das permanente Maßregeln und Korrigieren während der Betreuungseinheit (Verhalten).

Ähnlich wie in der Förderdiagnostik muss somit unterschieden werden zwischen den Bedürfnissen der Eltern und dem wahrgenommenen Verhalten. Je belasteter Familien sind, z. B. Multiproblemfamilien, desto eher sind solche auseinanderdriftende Prozesse zu beobachten und desto eher droht auch die Gefahr, dass die Frühförderung abgebrochen wird. Die in Kapitel 4.3.1 beschriebenen Techniken der Metakommunikation, des Perspektivenwechsels u. a. gelten in der Supervision als unterstützend, um Verstrickungen zwischen diesen beiden Ebenen zu vermeiden. Für die Frühförderinnen erweist es sich meist als einfach, mit dem Kind zu arbeiten, jedoch als schwierig, über dieses Handeln mit den Eltern zu kommunizieren.

Eine Pädagogik der Selbstgestaltung bringt mit sich, dass wir das Kind sowie die Familie zu nichts motivieren können, was nicht als Potentialität oder Handlungsmöglichkeit oder mindestens als Bedürfnis bereits vorhanden ist. An Kompetenzen orientiert sein bedeutet, in der Behinderung des Kindes die Entwicklungsfähigkeit zu sehen, in der Belastung der Familie die Kraft zur Veränderung zu entdecken, in der Unterschiedlichkeit der Teameinschätzung den gemeinsamen Förderweg zu finden.

Auf einer konkreten Ebene betrifft dies z. B. die Sprachförderung von Kindern mit expressiven Sprachstörungen: Wie bringe ich meinem Kind das Sprechen bei? Gerade bei Kleinkindern muss ihre Fähigkeit, mit der Umwelt in Kontakt treten zu können, der Ausgangspunkt der Förderung sein:

– Wie gelingt es dem Kind, mit mir in Kontakt zu treten?
– Wie drückt das Kind seine Kommunikationsinhalte aus?
– Wie behindert sich das Kind und die Familie in ihrer sprachlichen Kommunikation?

Beziehungsaufnahme ist immer an motorische, emotionale und kognitive Handlungsfähigkeit beim Kind gekoppelt. Nur auf dieser Basis kann gefördert werden. Sprachförderung stellt somit nicht das Ziel dar, sondern das Mittel, handelnd mit der Umwelt in Kontakt treten zu können. Die konkrete Intervention ist nur der Steigbügel (z. B. Förderung der Mundmotorik), das Ziel ist sinnstiftende Interaktion für das Kind und die Familie. Diese mag darin bestehen, Bedürfnisse ausdrücken zu können, sowohl in der Familie als auch am Spielplatz oder im Supermarkt. Für ein Kind mit Down-Syndrom, das noch nicht die verbale Sprachfähigkeit erreicht hat, könnte dies bedeuten, lustvoll zu lautieren.

Vor allem andere Eltern (support parents) können anleiten, kommunikationsstimulierende Umgebungen zu schaffen oder auch alternative Kommunikationsformen einzuführen. Bei älteren Kindern mit guten kognitiven Fähigkeiten mag Sprachförderung auch in direktiver Form geschehen (McLean/Woods 1997). Kinder sind nicht sprechfaul, sie bedienen sich nur jener Mittel, die den größten Erfolg mit dem größten Wohlbefinden, d. h. bisweilen geringsten Aufwand, erzielen. Sprachförderung enthält somit nicht vornehmlich Sprachanbahnungsübungen, sondern Interaktionsübungen auf der Basis dessen, was das Kind gut kann. Sie wird somit zum Kommunikationsanlass, nicht zum primären Ziel.

Es ist einfach, Frühförderung mit dem Kind auf dieser Basis durchzuführen, schwierig ist es, Eltern von der Effektivität zu überzeugen: Gerade bei Sprachentwicklungsverzögerungen neigen Eltern dazu, einerseits vorschnell „richtig" auf Gesten der Kinder zu reagieren, andererseits häufig zum Sprechen aufzufordern oder korrigierend einzugreifen: „Jetzt sag Auto, sag Auto, Auto!" Der Förderprozess kann also auf zwei Kernsätze reduziert werden:

- Das Kind sowie die Familie können nichts Neues integrieren, was nicht als Handlungsmöglichkeit bereits vorhanden ist. Letztere hängt vornehmlich von den Gestaltungsprinzipien des Kindes und der Familie und nur indirekt von der Frühförderin ab.
- Kind und Familie müssen somit das einsetzen, was sie zu tun vermögen, um ihren Gestaltungskreis oder ihr Wohlbefinden auszuweiten.

Das klingt theoretisch einfach, ist praktisch schwierig, da die Fähigkeiten der Kinder von der Umwelt teilweise als dysfunktional angesehen werden.

Exkurs: Die „starke" Persönlichkeit von Kindern mit Down-Syndrom
Benötigen Kinder mit Down Syndrom mehr Motivation als andere Kinder? Sollen wir sie in ihrem Wunsch nach Wiederholung, nach Ritualen u. a. belassen und dadurch Gefahr laufen, ihre Möglichkeiten des Lernens einzuschränken? In den Betreuungseinheiten äußert sich dies so, dass sie den Wunsch haben, immer das gleiche Spiel zu spielen, nichts Neues aufzunehmen etc. Sind nun die neurophysiologischen Zusammenhänge (das Lernen von Kontingenzen, Wishart 1993) dafür verantwortlich oder die „schwachen" Nerven der Eltern, nicht immer konsequent zu sein? Gerade diese Forderung von Pädagogen und Psychologen, konsequent zu sein, bereitet Eltern meist mehr Druck als die Verhaltensproblem"chen" ihrer Kinder. Eine strikte Konsequenz ist meist zum Scheitern verurteilt. Entlastend wäre für Eltern, wenn sie abschätzen können, wann konsequentes (d. h. mit erreichbaren natürlichen Folgen zusammenhängendes) Verhalten sinnvoll und zielführend ist. Die starre Wiederholung von Verhaltensmustern (das was wir als Sturheit, starke Persönlichkeit, Trotzigkeit bei Kindern mit Down-Syndrom beschreiben) verdeutlicht, dass Bedürfnisse des Kindes oder der Familie nur mittels dieses Verhaltens befriedigt werden können. Wenn wir in der Förderung dem Kind ermöglichen, dieses Ziel auch mit anderen Mitteln zu erreichen, d. h. erfolgreich zu sein, kann davon ausgegangen werden, dass das Verhalten für das Kind nicht mehr relevant sein wird.

Fallgeschichte
Die 3-jährige Carla liebt es, alle Fördermaterialien zu werfen. Eine typische Verhaltenssequenz besteht im schnellen Ausräumen der mitgebrachten Tasche mit Fördermaterialien. Dann werden die Dinge mit lustvollem Schreien geschleudert. Die Gegenstände, die daraufhin im Zimmer verstreut liegen, werden dann gemeinsam mit der Frühförderin wieder eingesammelt. Gleichzeitig liebt Carla basale Stimulation, ist jedoch kaum aktiv und genießt jede Form von nahem Körperkontakt. Die Fach-

kraft möchte Carla motivieren, Mittel-Zweck-Relationen zu lernen und präsentiert ihre Förderung in der Supervision. Bedeutsam ist jetzt nicht, ob wir Carla gewähren lassen, weiterhin Arbeitsmaterialien zu werfen. Interessant ist das Bedürfnis, das Carla damit befriedigen möchte. Wie erlebt sie sich als Handelnde? Carla scheint ihre Welt passiv durch Nahsinne und aktiv durch kinästhetische Aktivierung zu erleben. Beides ist in hohem Maße mit sozialer Wahrnehmung verbunden: Wirft sie die Materialien im Zimmer, kann sie sich zweier Effekte sicher sein: der Wirkung, dass die Gegenstände sich bewegen und mit lautem Knall aufprallen und dass die Frühförderin mit ihr das Spiel „Zusammenräumen" ausführt. Im konkreten Fall ist es wahrscheinlich nicht sinnvoll, unterschiedliche Fördermaterialien mitzubringen, sondern auf der Ebene des Sozialkontaktes die Fähigkeit auszuweiten, aktiv Beziehung aufzubauen: Eine Mittel-Zweck-Reaktion einzuleiten, wie es die Frühförderin beabsichtigte, scheint somit aufgrund der interpretierten Bedürfnisse des Mädchens kein Förderziel. Welche Methode jedoch anwenden? Es gibt nicht die *Methode*, wohl aber Repertoires, auf die ich zurückgreifen und die ich im Einzelfall verändern kann. Somit sind Fragen der konkreten Technik sekundär, da diese prinzipiell gemeinsam mit dem Kind und der Familie „konstruiert" wird. Und was mache ich jetzt konkret? Carla spielt gerne Ball: Förderung würde bedeuten, sie in diesem Beziehungsaspekt zu bestärken, gleichzeitig jedoch Variationen zu gestalten: Auto anstatt Ball, Körperkontakt anstatt Ball... Der Phantasie sind keine Grenzen gesetzt. Das Bedürfnis von Carla nach Sozialkontakt wird wahrgenommen, die Beziehung bleibt aufrecht, wird jedoch mit anderen Mitteln erreicht.

Kinder mit Behinderung und deren Familien benötigen nicht ein Mehr an Motivation, auch nicht ein Mehr an Interventionstechniken, sondern Begleiter am Hindernisparcours „Handicap". Methoden sind immer nur in dem Maße wirksam, in dem es der Familie gelingt, sie zu integrieren. D. h. in dem Maße, indem die Interaktion darüber gestaltet wird. Der Ruf nach konkreten Methoden ist gerade im jungen Beruf der Frühförderung verbunden mit der Suche nach festen Strukturen in selbstgestalterischen Prozessen. Selbstorganisation basiert auf der Fähigkeit des Individuums, durch Austausch mit der Umwelt sein Systemgleichgewicht beizubehalten. Die Interaktion schafft Wirkung (bzw. Wirklichkeit), nicht die spezifische Methode.

6.1 Strukturbedingungen des Förderprozesses

Was benötigen Frühförderinnen, um eine qualitativ hochwertige Arbeit durchführen zu können? Fördermaterialien müssen vorhanden sein, aber auch geeignete Infrastrukturen (Büro, eigener Arbeitsplatz, Telefon, Fax, Kopiergerät etc). In diesem Zusammenhang wird im Sozialbereich immer wieder auf die Wichtigkeit von Fundraising (das Sammeln von Spendengeldern) hingewiesen – z. B. um teures Fördermaterial zu kaufen. Da jedoch Arbeitsmaterialien ein notwendiger Bestandteil der Arbeitsbedingungen sind, ist der Erwerb auf der Basis von Spendenmitteln kontraproduktiv: Er vermittelt Sozialplanern die Gewissheit, dass der finanzielle Status quo durchaus beizubehalten ist.

Ähnliches gilt für den Einsatz von Praktikanten und ehrenamtlichen Helfern oder selbstorganisierter Eigenhilfe (z. B. Selbsthilfegruppen). Wenn Qualität in der sozialen Arbeit gefordert wird, muss sie auch mit gesellschaftlich anerkannten „Verstärkern" (d. h. Geldleistungen, immateriellen Leistungen) honoriert werden (Hegner 1986). Andernfalls darf sie für sich nicht den Anspruch „sozialer Arbeit" annehmen, sondern jenen karitativer Leistungen. Prävention und Rehabilitation als karitativen Auftrag anzusehen, würde – überspitzt formuliert – für mindestens 3% der Kinder das Recht nach „optimalen Erziehungsbedingungen" (UN-Kinderrechtscharta, Sax/Hainzl 1999) zumindest in Frage stellen.

Die Arbeitsbedingungen der Frühförderinnen sind durch eine Vielzahl erschwerender Faktoren bestimmt, wobei erst seit kurzem auch berufspolitische Anstrengungen in Richtung einer Darstellung und Änderung zu beobachten sind (Berufsgemeinschaft 1999): Eine bei 60 Frühförderinnen in der Steiermark, Österreich, durchgeführte Untersuchung zeigte erhöhte psychische und physische Anforderungen: ein gesteigertes Unfallrisiko aufgrund der Anzahl der zurückgelegten Kilometer (durchschnittlich 869 km pro Monat), Schmutz und Infektionsgefahr sowie psychische Belastungen. Die Anzahl der betreuten Kinder und der Schweregrad der Behinderung stehen mit Symptomen des Burnout in engem Zusammenhang (Pretis 1997). Trotz guter Entlastung durch Supervision geben 72% der Frühförderinnen an, schon ernsthaft an einen Berufswechsel gedacht zu haben.

Diese Zahlen heben die Bedeutung geeigneter Unterstützungsstrukturen für die Fachkräfte hervor, und zwar im Sinne eines strukturierten Netzwerkes, auf das zurückgegriffen werden kann. Nicht die theoretische Möglichkeit, den psychologischen Dienst zu kontaktieren oder eine Logopädin beizuziehen, wirkt unterstützend, sondern ein kurzer organisatorischer Weg: Für unser Team ist dieser oder jener Neurologe zuständig... Dies spricht für Netzwerkbildung (Abbildung 22) über den Einzelfall hinaus: Ein kurzer Blick auf die europäische Situation verdeutlicht jedoch, dass jüngere Frühförderstrukturen, z. B. in Portugal (Boavida et al. 1998), flexibler sind als „gewachsene" Strukturen wie z. B. in Deutschland oder Österreich.

Als Hypothese kann formuliert werden, dass gemeinwesenorientierte Unterstützungsstrukturen dort erfolgreich sind, wo durch die Kooperation die Existenzbedingungen der Frühförderstelle nicht gefährdet werden. Andernfalls wer-

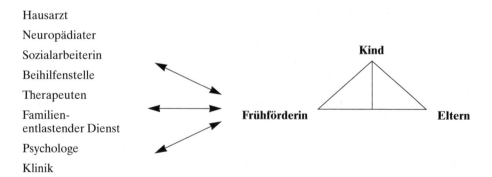

Abbildung 22: Netzwerkbildung als Unterstützungsstruktur im Förderprozess

den vorhandene Strukturen eher als Konkurrenz erlebt: Physiotherapeutinnen fürchten um die Zahl der Klienten u. a. Dies betrifft vor allem jene Fälle, in denen Anstellungsbedingungen von der Zahl der betreuten Kinder abhängen. Nicht eine Privatisierung der Frühförderung (wie sie teilweise in Projektform in einigen Kommunen angeboten wird), sondern eine Grundversorgung, die vorhandene Netzwerke nutzt, ist das Fernziel. Die Einrichtung von „Pilotfrühförderstellen" wäre wünschenswert, wobei die gewachsenen Strukturen in Deutschland und Österreich dies eher erschweren.

Netzwerkressourcen können auch im Team genützt werden, wenn dafür die geeigneten Rahmenbedingungen geschaffen sind.

- Wer verfügt im Team über welche Zusatzqualifikation?
- Wer hat gute Kontakte zu den niedergelassenen Ärzten?
- Wer hat Erfahrung mit sehgeschädigten Kindern?

Peterander (1997) hat auf die Wichtigkeit unterstützender Teamstrukturen hingewiesen. Dies betrifft einerseits formale Strukturen (z. B. Teamzeiten) als auch genauso wichtige Möglichkeiten informellen Kontaktes: z. B. Pausenzeit. Primär geht es nicht darum, welche Berufsgruppen Ressourcen einbringen können. Allzu häufig ist die Kritik zu hören, dass kein Neuropädiater oder keine Ergotherapeutin u. a. verfügbar sind. Das Team selbst kann meist auf ungeahnte persönliche und fachliche Ressourcen zurückgreifen. Die Nutzung derselben scheitert häufig an der vermeintlich nicht vorhandenen Zeit und daran, dass ein Großteil der Zeit mit administrativen Klärungen verbracht wird.

Welche Zeitstrukturen sind sinnvoll? Die Darstellung in Tabelle 15 basiert auf einem Modell wöchentlicher Team- oder Reflexionsstrukturen im Ausmaß von 2 Stunden. Ein Gesamtstundenausmaß von 8 Stunden pro Monat würde 5 Einheiten für inhaltliche Arbeit und verbleibende 3 für Administratives eröffnen. Bei disziplinierter Zeitkoordination ist dies durchführbar.

Das Zeitmanagement wie auch die Dokumentation sollte an einen Verantwortlichen delegiert werden. Damit wird die Frühförderstellenleitung sinnvoll entlastet. Gerade die Supervision wird von den Fachkräften als unterstützend erlebt, vor allem wenn sie einerseits Teamprozesse selbst, andererseits die Arbeit mit den Familien einschließen kann. Einzelsupervision von Fachkräften sollte wenigstens als prinzipielle Möglichkeit im Bedarfsfall in Anspruch genommen werden können.

6.2 Gemeinsam mit Kind, Familie und Team: Prozessbedingungen

Die Struktur der Betreuungseinheit mag im Einzelfall sehr individuell gestaltet sein: im Förderzentrum, als Hausfrühförderung, als Gruppenprozess, als Elterngruppe u. a. Frühförderung als junges Berufsfeld ist flexibel, dynamisch und differenzierend. Das Kind und seine Umwelt müssen darin Platz finden. Dem großen Stellenwert der Arbeit mit den Eltern, den Geschwistern, den Großeltern u. a. soll somit auch im zeitlichen Management des Förderprozesses Rechnung getragen werden. Ein Vergleich internationaler Organisationsformen zeigt, dass Kinder mit besonderen Bedürfnissen in Europa einmal pro Woche Frühförderung, meist

Tabelle 15: Teamunterstützungsstrukturen

Struktur	Methode	Zeit
1) Identifikation von Rollen- und Funktionsträgern: Kompetenzklärung und Delegieren von Aufgaben	a) Klärung, wer wofür zuständig ist, um Kommunikationswege zu verkürzen b) Jahresplanung	Klausur (1 Tag)
2) Stabile gemeinsame Arbeitsbasis sowohl die Beziehungsstruktur als auch den Inhalt betreffend	a) Teamsupervision b) Falldarstellungen, auf der Basis definierter Regeln des Umganges miteinander (Moderation durch Supervisor)	1 x pro Monat 2 Stunden
3) Möglichkeiten des informellen Austausches	Definierte Zeiten selbstgestalteter Kommunikation	1x pro Woche 30 min
4) Multiplikation von Informationen aus Aus- und Weiterbildung	Kurzreferate, Moderation durch Teammitglied	1x pro Woche 15 min
5) Interne Fortbildungen: Nutzung vorhandenen Wissens: Austausch von Förderideen, Vorstellen neuer Materialien	a) Definierte Zeiträume b) Möglichkeit des Selbst-Erfahrens (vor allem bei Fördermaterialien) c) Handlungsvorschläge bei Falldarstellungen	1x pro Woche 15 min
6) Verfügbarkeit transdisziplinärer Kommunikation	a) Fallbesprechung/Förderdiagnostik gemeinsam mit anderen Fachleuten und der Familie, mindestens einmal pro Jahr b) Förderberichte c) definierte Sprechstunden jener Spezialisten, die beteiligt sind	im Rahmen einer Einheit
7) Strukturierung formaler Kommunikation	a) Mitteilungsbücher b) Postmappe	–

zwischen 60 und 90 Minuten erhalten. Manchmal erhalten Kinder mehrmals wöchentlich Frühförderung. Dies entspricht jedoch häufig dem, was im deutschsprachigen Raum als „Kindergarten" bezeichnet wird.

Um nicht missverstanden zu werden: Diese Zeit kann und sollte auch die Arbeit mit den Eltern oder Geschwistern einschließen. Die alleinige Förderung des „Indexpatienten" zeigt die geringsten Effekte (Guralnick 1997). Auch wenn in der österreichischen Frühförderung häufig die Struktur „60 Minuten kindzentrierte Arbeit, 30 Minuten Elternarbeit" zu beobachten ist, stellt dies nur einen Richtwert dar. In Phasen der Krise wird es notwendig sein, mehr Elterngespräche zu führen. Individuelle Variation ist erwünscht, erfordert jedoch Reflexion über die Unterschiedlichkeit: Warum ist in dieser Familie mehr Elternarbeit erforderlich, woran erkenne ich dieses Bedürfnis und welche Unterstützungsmaßnahmen kann ich zur Verfügung stellen?

Lässt sich der Förderprozess auf der Basis individueller Prozesse überhaupt abstrahieren? Ja, und zwar auf der Basis von Handlungsbogen. Welches konkrete Beziehungsangebot, Förderspiel, welche Intervention oder Übung durchgeführt wird, ist in jeder Familie einmalig und individuell. Die Organisationsform der Betreuungseinheiten bietet jedoch über diese Einmaligkeit hinausgehende strukturelle Aspekte, die alle Einheiten betreffen: Phase des Ankommens, kindzentrierte Arbeit, Elternarbeit, Phase des Abschlusses. Diese äußere Zeitstruktur gilt als Rahmenvorgabe des jeweiligen sozialen Service. Sie ist für die Fachkraft meist mit finanziellen Aspekten (Entlohnung) verbunden. Wird die Zeit in einer Familie überzogen, bedeutet dies wenigstens in Österreich, dass unentgeltlich gearbeitet wurde.

Frühförderung in Zentren läuft geringere Gefahr, Berufliches mit Privatem zu vermischen. Gerade in ländlichen Gebieten werden den Fachkräften immer wieder Mahlzeiten, zumindest ein Kaffee, angeboten. Das Annehmen dieses Angebots obliegt jedem einzelnen, meist ist damit auch eine „Aufweichung" von Zeitstrukturen verbunden.

Deutliche Strukturierungssignale bieten sowohl dem Kind als auch den Eltern Sicherheit und somit Möglichkeiten der Unterscheidung. Struktur darf nicht mit Zwanghaftigkeit verwechselt werden. Gerade in der Elternarbeit ist ein klarer Hinweisreiz (z. B. das Wechseln des Settings vom Kinderzimmer in die Küche, ein Eingangs- und Schlussritual o. ä.) ein wichtiges soziales Sicherheitssignal für das Kind. Auch das Lernen dieser Symbole ist ein erstes (kognitives) Förderziel.

Die obenerwähnte Zeitstruktur mag im Einzelfall den Bedürfnissen der Familie angepasst sein: Wenn das Kind müde oder hungrig ist, macht es wenig Sinn, die kindzentrierte Arbeit fortzusetzen. Entweder ist es angebracht, sich mehr Zeit für Elterngespräche zu nehmen oder den Zeitpunkt der Förderung generell zu diskutieren: Vielleicht wäre ein anderer Zeitpunkt für das Kind sinnvoller?

Fallbeispiel:
Lea, ein 4-jähriges Mädchen mit Verdacht auf Rett-Syndrom, war nach dem Umzug in ein neues größeres Haus in den Fördereinheiten sehr ablenkbar und nur jeweils für wenige Minuten in der Lage, Kontakt zur Frühförderin zu halten. Lea weigerte sich, Dinge zu berühren, zeigte jedoch hohes visuelles Interesse. Sobald die Frühförderin ihre Materialien präsentiert hatte, verlor Lea jedoch schnell das Interesse, schrie oder weinte. Der Fachkraft gingen im Laufe der 90minütigen Einheiten kontinuierlich die Ideen aus, was sie Lea anbieten konnte. Vor dem Umzug war es Lea gewohnt, sich zwischen den kurzen Aufmerksamkeitsphasen zu bewegen. Sie wanderte von einem Zimmer in ein anderes, bis sie wieder motiviert war, sich mit der Frühförderin zu beschäftigen. In der neuen Wohnung war dies aufgrund neuer Raumorganisation (2 Etagen) für Lea eigenaktiv nicht möglich. Eine Strukturierung der jeweiligen Einheit in Phasen der Beziehungsgestaltung und Phasen des „Stiegensteigens" gemeinsam mit der Frühförderin zeigten eine Entspannung der Situation.

Ob 15 oder 60 Minuten kindzentrierte Förderung, der Organisationsrahmen der Betreuungseinheit sollte vor allem die Möglichkeit zur Metakommunikation bieten, d. h. zur Reflexion dessen, was gerade geschieht. Dies erfordert interessierte anwesende Betreuungspersonen (Eltern) oder ein transdisziplinäres Team. Letzteres ist aufgrund vorhandener finanzieller Einschränkungen kaum vorhanden, sodass sich Teamarbeit meist auf Reflexionseinheiten beschränkt. Obwohl Frühförderung auf eine Einbeziehung der bedeutsamen Umwelt des Kindes abzielt, mag es im Einzelfall auch sinnvoll sein, die Eltern für eine Stunde zu entlasten. Dies kann als der Teil der Elternarbeit verstanden werden. Die Gefahr besteht freilich, dass Frühförderung ihren eigenen Definitionsrahmen sprengt. Hier ist vor allem das Team der Ansprechpartner, ob individuelle Beziehungsangebote in Familien und Aufträge noch unter den Begriff „Frühförderung" fallen. Und deren gibt es viele: von der Unterstützung bei der Suche nach einem Arbeitsplatz bis hin zur Beaufsichtigung der Kinder. Die Dialogfähigkeit der Fachkraft ist das Kriterium, nicht die Starrheit von Strukturen. Dies gilt auch für ein Ablauf einer Betreuungseinheit (Abbildung 23):

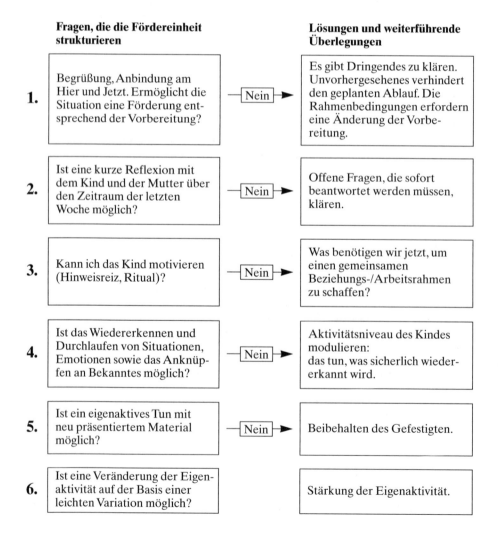

Gemeinsam mit Kind, Familie und Team: Prozessbedingungen 109

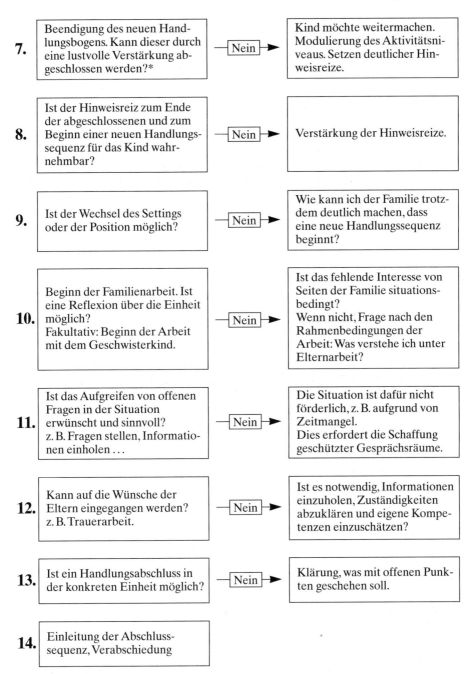

*Anmerkung: Während einer Fördereinheit können mehrere solcher Handlungsbogen durchlaufen werden.

Abbildung 23: Strukturierter Ablauf einer Fördereinheit

Der Förderprozess nimmt seinen Ausgang in der jeweiligen Beziehungsaufnahme im Hier und Jetzt. Er ist eine wiederkehrende Konstruktion der gemeinsamen Wirklichkeit „Frühförderin-Eltern-Kind". Das „Ankommen" und die gegenwärtige Befindlichkeit sind somit Ausgangspunkte der Betreuungseinheit. Dieser Aspekt reflektierter Selbstoffenbarung am Beginn der Einheit betrifft auch die Frühförderin: „Ich komme gerade aus der Stadt und jetzt freue ich mich schon auf dich!"

Dem Handlungsrahmen selbst wird generell in Beratungssituationen zu wenig Aufmerksamkeit geschenkt: „Zuerst arbeite ich mit dir, dann mit deiner Schwester und am Schluss spreche ich mit deiner Mama." Bisweilen sind Klärungen notwendig, die eine ganze Einheit in Anspruch nehmen können: Dies mag den letzten Arztbesuch betreffen. Ähnliches gilt für die Wiederaufnahme des Handlungsbogens zur letzten Einheit: „Wie ist es Ihnen in der letzten Woche gegangen?" Auch diese Reflexion kann einen Großteil der Einheit beanspruchen.

6.2.1 Kindzentrierte Förderung

– Erkennt das Kind Bekanntes wieder?
– Kann es eigenaktiv sein?
– Ist es offen gegenüber Neuem?

Dies sind jene regelmäßigen Eckpfeiler der kindzentrierten Arbeit, die Entwicklung einerseits, Stressreduktion andererseits ermöglichen. Rituale am Beginn und am Ende einer Fördereinheit sind klare Strukturierungssignale: ein Fingerspiel, das Begrüßen aller Körperteile u. a. Inhaltlich hängen sie von den jeweiligen Interessen und Bedürfnissen des Kindes ab. Nicht die Methode, sondern die Individualität des Kindes bestimmt die konkrete Förderung. Als Beispiel wird ein möglicher typischer Ablauf einer Einheit (z. B. für ein Kind mit Down-Syndrom) beschrieben:

a) Ich trete in Beziehung mit dem Kind.
b) Ich ermögliche eine Anbindung an Bekanntes.
c) Ich variiere Bekanntes.
d) Ich ermögliche den eigengestalterischen Umgang mit Neuem.
e) Ich variiere Neues.
f) Ich schließe die Einheit ab.

a) Ich trete in Beziehung mit dem Kind: z. B. mittels Eingangsritual in Form einer Begrüßung aller Körperteile,

b) Ich ermögliche eine Anbindung an Bekanntes: Dies kann bedeuten, dass das Kind ein Spiel aus dem Repertoire der Frühförderin frei wählt. Teilweise wird eigenes Spielzeug bevorzugt. Bei Kindern mit schwerer Behinderung schließt dies auch die Wiederholung von Wahrnehmungsangeboten ein. Ziel ist das Wiedererkennen erfolgreicher Handlungsabläufe. Es erfordert eine (Vor-)Strukturierung der Situation, indem die Frühförderin z. B. Bekanntes von Unbekanntem trennt.

c) Ich variiere Bekanntes: Das Anbieten neuen Fördermaterials bei Kindern mit Down-Syndrom ist dadurch geprägt, dass für sie eine optimale Differenz zu bereits Gelerntem gefunden wird. Die in gängigen Lehrbüchern beschriebene Abwehr gegenüber Neuem wird von Eltern nicht immer bestätigt (Hand in Hand 1997). Kinder mit Down-Syndrom sind motiviert, Neues zu lernen, wenn sie dabei eigenaktiv und erfolgreich sein können. Eigene innere Bilder, mit welchem Tempo Kinder arbeiten sollten, veranlassen Eltern und Fachkräfte, dem Kind nicht genügend Zeit zu lassen. Meist sind jedoch die größten Förderfortschritte in Phasen der Förderpausen zu beobachten: während des Urlaubes, nach einer Krankheit. Dann hat das Kind Zeit, das zu integrieren und mit eigenen Mitteln auszuprobieren, was während der Förderphase geboten wurde. Vertrauen, Bescheidenheit und Geduld stellen die Herausforderungen der Frühförderinnen dar.

d) Ich ermögliche den eigengestalterischen Umgang mit dem Neuen. Das bedeutet nicht, dass es keine Regeln im Umgang mit dem Material oder in der Beziehung gäbe. Je nach kognitiven Fähigkeiten des Kindes sind Regeln wichtig: Vorsichtiger Umgang mit dem Fördermaterial, sanfte Berührung, Hemmung des Beißens u. a. Bisweilen erscheint Situationskontrolle notwendig, um für Kinder Brücken des Umganges miteinander zu bauen: Es wird z. B. notwendig sein, alles Ablenkende wegzuräumen.

e) Ich variiere Neues, um beim Kind neue Möglichkeiten der Auseinandersetzung zu schaffen. Da die Umwelt für das Kind immer Aufforderungscharakter besitzt, ist die Vorstrukturierung der Situation der Hauptschwerpunkt dieser Phase: Wie kann ich eine Situation gestalten, damit die Wahrnehmungsstrukturen des Kindes optimal „verstört" werden. Fünfmal wird der blaue Ball angeboten, dann folgt der rote, dann wieder der blaue etc. Das Verhältnis zwischen Bestätigung der Information und Unerwartetem ist der Motor der Lernfähigkeit des Kindes und der Entwicklung (Jantsch 1986). Vollständige Bestätigung bietet keine Entwicklungsfähigkeit. Vollständige Neuheit ist Stress und kann – da die Situation nicht vorhersehbar ist – nicht in Bestehendes integriert werden (Chaos).

f) Ich schließe die Einheit ab. Wieder können Rituale oder lustvolle Verstärker eingesetzt werden. Auch als Signal für das Kind, dass etwas anderes folgt: Möglicherweise ein Elterngespräch oder ein Spiel mit dem Geschwisterkind.

6.2.2 Elternarbeit

Drei Aspekte sollen im Vordergrund dieser Ausführungen stehen:
1. Gespräche und Reflexion mit der Familie stellen Arbeit dar, da sie zielgerichtete Prozesse sind (Hegner 1986). Damit unterscheidet sich Elternarbeit vom „zweckfreien Plaudern", das nicht primär theoriegeleitete Ziele verfolgt. Der Rahmen der Arbeit mit den Eltern – bisweilen aufgelockert durch Kaffee und Kuchen – darf nicht mit dem Inhalt der Gespräche verwechselt werden.
2. Die konkrete Durchführung der Elternarbeit hängt vom Grundverständnis

und pädagogischen Modell der Frühförderung ab: Ein Expertenmodell der Frühförderung erachtet Eltern(-arbeit) als notwendiges „Transportmedium", da Leidensdruck und Veränderungswünsche artikuliert und dem Experten mitgeteilt werden können. Das Kotherapeutenmodell benötigt Eltern als „Hilfskräfte", die die nötige praktische Umsetzung der Interventionen sichern. Partnerschaftlichkeit wertet Elternarbeit auf, da die Eltern erstmals die Experten in Sachen Kindererziehung sind. Elternarbeit bedeutet dann nicht, das Gewicht von Entscheidungen nur dem „Expertentum" der Eltern aufzubürden und somit alle Verantwortung zu delegieren: „Sie sind der Experte der Erziehung, Sie müssen entscheiden."

Partnerschaftliche Elternarbeit beruht darauf, respektvoll mit dem anderen umzugehen und seine spezifischen Erziehungskompetenzen anzuerkennen (die andere sind als z. B. psychologische Beratungskompetenzen). Eltern, im Gegensatz zu Fachkräften,

– sind für ihre Kinder kontinuierlich ansprechbar;
– bieten Schutz;
– sorgen für das physische und psychische Wohlergehen;
– sind beinahe 100% der Zeit anwesend.

Wir müssen uns immer wieder vor Augen halten, dass Frühförderung auf der Basis eines 90-Minuten Modells höchstens 0,89% der Wochenzeit einer Familie darstellt. 99,11% sind die Eltern oder andere Betreuer zuständig. Dies mag auch unsere Veränderungswünsche ein wenig relativieren und die Position des Helfers ins rechte Licht rücken.

Im „Konsumentenmodell" steht die Zufriedenheit mit dem Produkt „Frühförderung" und das Preis/Leistungsverhältnis im Vordergrund. „Produktzufriedenheit" gewährleiste ich durch Elternarbeit dann, wenn ich die Erwartungen der Konsumenten mit den Programmleistungen decken kann. Elternarbeit zielt somit auf das genaue Erfassen der Bedürfnisse ab. Im „Negotiationsmodell" steht mehr das Aushandeln der Verantwortlichkeit im Vordergrund, wobei Fachkräfte stärker als im Konsumenten- oder Partnerschaftsmodell ihre Voraussetzungen der Arbeit definieren müssen.

3. Elternarbeit muss für die Beteiligten als solche erkennbar und kommunizierbar sein. Es genügt nicht, wenn die Frühförderin die Gespräche über die Fördereinheit als Arbeit definiert, diese von den Eltern jedoch unter dem Schlagwort „Small-talk" interpretiert werden.

Fallbeispiel:
Der Förderprozess bei Susanne war durch gute Fortschritte gekennzeichnet, sodass nach 9 Monaten aus kindzentrierter Sicht auch an einen Abschluss der Förderung gedacht werden konnte. Die Mutter wollte jedoch die Frühförderung bis zum Ende der bewilligten Frist (ein Jahr) in Anspruch nehmen, weil sie mit der Frühförderin „sprechen" wollte. Die Fachkraft äußerte in der Supervision Zweifel, ob dieser Wunsch nach Gesprächen noch Frühförderung darstellte. Als Klärungsstrategie wurde vorgeschlagen, gemeinsam mit der Mutter zu erarbeiten, welche Ziele mittels der Gespräche erreicht werden sollten. Im speziellen Fall war die Mutter weniger an zielorientierten Gesprächen als an entspanntem Plaudern interessiert, sodass die Frühförderung abgeschlossen wurde.

Elternarbeit muss – unter welchen Rahmenbedingungen auch immer – als solche definiert sein. Bei Familien mit sozialen Risiken kann dies auch bedeuten, bewusst Gespräche zu reduzieren, wenn die Eltern kein Interesse daran zeigen. Was ist Elternarbeit? Sie stellt das Angebot zur Reflexion über die Arbeit mit dem Kind, über die Entwicklungspotenzen und die Schaffung von Ressourcen für die Familie dar. Elternarbeit ist vornehmlich Interaktion über den Förderprozess. Dies erfolgt häufig über die Möglichkeit der Mitgestaltung an den Betreuungseinheiten, über Elterngespräche oder Gruppenaktivitäten (Elterngruppe). Was inhaltlich besprochen wird, hängt stark von den unterschiedlichen Fragen im Laufe des Förderprozesses zusammen. Tabelle 16 beschreibt inhaltliche Aspekte anhand eines Kriseninterventionsmodells (Sonneck 1991, Pretis 1999b):

Tabelle 16: Elternarbeit und Phasen der Krise

Modellannahme	Fragen der Eltern	Elternarbeit
Alarm/Schock	Erwartungen an Prognosen: „Was bedeutet Behinderung? Wie wird sich unser Kind entwickeln? Wohin sollen wir uns wenden, wer ist kompetent?"	Informationen geben, Unterstützen bei der Suche nach bedeutsamen Informationen, Bilder einer möglichen Zukunft beschreiben, persönliche Stabilität vermitteln, Unterstützung beim Aufbau von entlastenden Netzwerkstrukturen
Reaktion	„Was können wir tun und was können wir von unserem Handeln erwarten? Wie können wir die Beziehungen gestalten (zum Geschwisterkind, dem Ehepartner, der Umwelt)?"	Partizipation bei der Förderung, Information über das Handling, Anbieten von Interpretationen (z. B. bei sehgeschädigten Kindern oder bei Geschwisterkindern), Einsatz sensibler Instrumente der Evaluation (z. B. Video)
Trauer	„Warum ist dies geschehen? Haben wir alles richtig gemacht, hätten wir etwas ändern können?"	Ansprechen von Trauer und Wut; Stellungnahme zu Sinnfragen und zu eigenem Berufsverständnis; Empathie
Bearbeitung	„Wie werden wir wieder handlungsfähig? Was können wir zur Normalisierung beitragen?"	Frühförderung als Teil des Alltags, Reflexion
Neuorientierung	„Wie geht es weiter?"	Information über Systemübertritte (Kindergarten, Schule), Strukturierung von Kommunikation mit neuen Systemen

Exkurs: Krisenintervention
Krisenintervention in der Frühförderung sind nicht der Regelfall. Unter psychosozialen Krisen wird der Verlust des seelischen Gleichgewichts verstanden, den ein Mensch verspürt, wenn er mit Ereignissen und Lebensumständen konfrontiert wird, die er im Augenblick nicht bewältigen kann. Und zwar, weil sie von der Art und dem Ausmaß her seine durch frühere Erfahrungen erworbenen Fähigkeiten und erprob-

ten Hilfsmittel zur Erreichung wichtiger Lebensziele oder zur Bewältigung seiner Lebenssituation überfordern (Sonneck 1991). Diese Definition drückt die Vielschichtigkeit von Krisen aus. Im Gegensatz zur Reflexion zeichnet sich Krisenintervention aus durch:

- raschen Beginn (bis wann soll was passieren?);
- reflektierte Aktivität (Was wurde bereits versucht, wie wird die Effizienz eingeschätzt?);
- Methodenflexibilität (dies kann auch bedeuten, direktiv zu sein);
- Fokus auf die aktuelle Situation/das Ereignis (Auftragsklärung, was wird von der Frühförderin erwartet?);
- Einbeziehung der Umwelt (Wo gibt es Ressourcen, auch für die Fachkraft?);
- Entlastung (Was benötigt die Familie, um den erlebten Druck zu reduzieren?)

Krisenintervention birgt die Gefahr, dass die in der Familie erlebte Krise zur eigenen beruflichen wird, sodass die Fachkraft nicht mehr mit pädagogischen Interventionen, sondern mit eigenen „Überlebensstrategien" reagiert.

Da Elternarbeit auch Geschwisterkinder, Großeltern oder die weitere soziale Umwelt einschließt, wäre der Begriff der „Familienarbeit" angebrachter. Frühförderung ohne Einbindung des bedeutsamen Umfeldes reduziert sich zum Reparaturmodell.

Ähnliches betrifft die Einbeziehung von Geschwisterkindern. Ihre Lebenssituation ist in hohem Maße von der Anwesenheit eines Bruders, einer Schwester mit einer Behinderung gekennzeichnet: Dies mag mit der Notwendigkeit erhöhter Rücksicht („Bitte mach Du uns keine weiteren Sorgen, wir haben schon genug davon!") zusammenhängen. Oder mit phantasierter Schuld oder aggressiven Gefühlen:

- *„Ich bin schuld an der Behinderung, weil ich einmal dieses oder jenes gesagt, getan oder gedacht habe."*
- *„Ich wünsche mir, dass mein Brüderchen nicht mehr hier ist."*

Meist erleben Geschwisterkinder Frühförderung als „Belohnung" für das Kind mit Behinderung und fühlen sich in der Situation zurückgesetzt:

Fallbeispiel:
Kurts Schwester erhält aufgrund einer Sehschädigung Sehfrühförderung, wobei sich die Frühförderin Sorgen um Kurt macht: Er sei sehr zurückgezogen, verlasse das Zimmer, wenn die Frühförderin kommt, schockiere jedoch seine Umgebung während der Betreuungseinheit immer wieder mit „unglaublichen" Aktionen: Er ruft unbemerkt seine Großmutter an, die im Nebenhaus wohnt, damit diese unter irgendeinem Vorwand während der Einheit zu Besuch komme. Damit ist jedoch die Betreuungseinheit gestört, das Fördern wird äußerst schwierig, da die kleine Schwester abgelenkt wird. Die Verhaltens- und Bedürfnisanalyse von Kurt zeigt, dass er sich wenig beachtet fühlt und auch „Frühförderung" will. Er darf dies nicht offen aussprechen, da die Frühförderung für seine Schwester mit Behinderung da ist und nicht für ihn. Die Eltern sind sich der Bedürfnisse des Jungen wenig bewusst, er „funktioniert" ansonsten sehr gut. Eine Betreuungseinheit, die nur Kurt gewidmet ist, zeigt die „Bedürftigkeit" des Jun-

gen und seinen Wunsch, im Schatten der Schwester mit Behinderung wahrgenommen zu werden. In weiterer Folge wird eine halbe Stunde der Einheit Kurt gewidmet, eine halbe Stunde seiner Schwester und eine weitere halbe Stunde der Mutter.

6.2.3 Transdisziplinäre Arbeit

Transdisziplinarität beruht vor allem auf dem Vorhandensein eines Netzwerkes und definierter Kommunikationsstrukturen mit Spezialisten. Beide Aspekte sind in der gängigen Praxis der Frühförderung zwar als Zielperspektive formuliert, jedoch zurzeit nur in geringem Maße realisiert. Dies hängt einerseits mit der Frage der Finanzierbarkeit der Dienste zusammen, andererseits mit Kommunikationshindernissen: Wie in Kapitel 2 beschrieben, hat transdisziplinäre Arbeit bisweilen den Anschein, eher eine Verteidigung unterschiedlicher beruflicher Modelle zu sein, als gemeinsame Arbeit für die Familie. Pädagogik und Psychologie sehen sich oft gegenüber medizinischen Modellen in Zugzwang. Erforderlich sind gegenseitiger Respekt, aber auch sprachliche Modelle, die von den Beteiligten akzeptiert werden können und das Kind und die Familie ins Zentrum stellen.

Zeigt Teamarbeit Effekte? Gerade bei Multiproblemfamilien oder Kindern mit schweren Behinderungen ist dieser Zugang unterstützender als ein monotherapeutischer, d. h. die Anwendung einer Therapieform allein (Shonkoff et al. 1992). Als Gegenargument werden immer finanzielle Aspekte angeführt: zu teuer, organisatorisch zu schwierig. Wenn es gelingt, die einzelnen Interventionen besser zu koordinieren, einen Ansprechpartner für die Familie zu identifizieren und organisatorisch einfache Kommunikationsstrukturen aufzubauen, ist zu erwarten, dass transdisziplinäre Frühförderung effizienter und kostengünstiger wird. Tabelle 17 zeigt, welche Aspekte dies inhaltlich und organisatorisch einschließen kann.

Transdisziplinäre Arbeit erfordert vor allem flexible Kommunikationsstrukturen. Sei es bei den Frühförderinnen selbst, wenn durch Ausbildungen in Kommunikationsstrategien die Sensibilität gegenüber gemeinsamer Arbeit erhöht wird. Sei es durch die verstärkte Einbindung vorhandener gemeinwesenorientierter Strukturen. Während der letzten 25 Jahre wurden diese Grundstrukturen vor allem auf der Basis persönlicher Anstrengungen geschaffen. Jetzt gilt es, diese zu dynamisieren – was bisweilen schwieriger ist, als etwas Neues zu gestalten. Inhaltlich schließt dies

- flexible Formen der Information (wo kann ich welche Unterstützung erhalten, Einsatz des Internet als Informations- und Kommunikationsplattform);
- Individualisierung des Angebotes (Welche Bedürfnisse hat meine betreute Familie?) und
- eine Ausweitung auf neue Zielgruppen, z. B. Kinder mit Hyperaktivität, ein.

Tabelle 17: Ziele und Methoden transdisziplinärer Arbeit

Phase	Ziel	Methode
Kontakt- und Beziehungsaufbau	Identifizierung einer Bezugsperson für die Familie; Aufbau einer jeweils spezifischen Netzwerkstruktur (Welches Team für welche Familie?)	Gemeinsame Kontaktaufnahme, Teamreflexion
Förderdiagnostik	Erfassung und Rekonstruktion der Wahrnehmungs- und Gestaltungsmuster des Kindes und der Familie	Gemeinsame Durchführung oder Bewertung diagnostischer Maßnahmen; Erarbeiten gemeinsamer Ziele
Förderarbeit	Möglichkeit der Inanspruchnahme von Unterstützungsstrukturen	Definierte Kommunikationsstrukturen und ein Ansprechpartner für die Familie
Reflexion	Bewertung des Prozesses auf der Basis der angestrebten Ziele und der Förderarbeit	Elterngespräche, Teamreflexion, Intervision
Abschluss	Schaffung von sicheren Rahmenbedingungen (vor allem für die Eltern)	Information der „übernehmenden Stelle", Austausch von Dokumenten (unter Wahrung des Datenschutzes), Selbstreflexion für die Fachkraft

6.2.4 Frühförderung am Beispiel von Kindern mit Hyperaktivität und Störungen der Impulskontrolle

Anhand der Förderung bei Kindern mit Hyperaktivität und Störungen der Impulskontrolle sei die Vernetzung von kindzentrierter Förderung und Familienarbeit dargestellt (Döpfner/Sattel 1992, Blank 1990, Quaschner 1990).

Hyperaktiv oder hyperkinetisch werden Kinder genannt, deren Verhaltensmuster durch folgende Merkmale gekennzeichnet ist:

1. Motorisch unruhiges Verhalten, unangepasste oder exzessive motorische Aktivität. Diese Kinder können nicht ruhig sitzen, sie sind zappelig.
2. Impulskontrollstörungen im Sinne von z.T. aggressiven Verhaltensmustern. Die Kinder haben Schwierigkeiten, Impulse zu kontrollieren oder zu hemmen. Im Kindergarten und später in der Schule gibt es Probleme, da sie nicht warten können, bis sie an der Reihe sind. Sie unterbrechen andere und antworten oft ohne die Frage vollständig gehört zu haben.
3. Konzentrations- und Aufmerksamkeitsstörungen. Diese Kinder haben eine kurze Aufmerksamkeitsspanne von oft nur einigen Minuten und sind leicht ablenkbar.

Im frühen Kindesalter steht die ungehemmte, wenig organisierte und schlecht gesteuerte extreme motorische Überaktivität und die mangelnde Impulskontrolle im Vordergrund. Bisweilen bestehen auch unspezifische Verzögerungen in der Entwicklung und eingeschränkte zwischenmenschliche Beziehungen, die sich vor allem in Bezug auf Gruppenfähigkeit beim Eintritt in den Kindergarten manifestieren.

Die Frühförderung bei hyperaktiven Kleinkindern zielt darauf ab, die Störung zu vermindern, indem das Kind lernt, sein Verhalten besser zu steuern und indem die Eltern in ihren Erziehungskompetenzen gestärkt werden.
Die Störung ist gekennzeichnet durch das Fehlen oder nicht adäquate Funktionieren

a) interner Selbstregulationsmechanismen beim Kind,
b) durch die Überlastung, den Zusammenbruch oder das Fehlen externer Verhaltenskontrollmechanismen in der Familie oder der Umwelt und
c) durch die hohe Sensibilität der Kinder.

Diese Überlegungen führen zu Interventionsformen, die sowohl das Kind, die Familie als auch die Umwelt mit einschließen müssen (Döpfner 1995). Die Folge davon sind übermäßiger Bewegungsdrang, Schwierigkeiten, Handlungen abzuschließen, die Aufmerksamkeit zu fokussieren und die eigene Emotionalität zu kontrollieren. Verhaltens- und Erziehungsprobleme können dadurch auftreten. Eine frühe heilpädagogische Intervention soll längerfristige Beeinträchtigungen vermindern, und zwar durch

– kindzentrierte Förderung
– Beratungsgespräche mit der Familie
– Veränderung der Umwelt
– Transdisziplinäre Begleitung

1) Wöchentliche Fördereinheiten mit dem Kleinkind in der Familie umfassen:

– In Phase 1: Gestaltung einer positiven tragfähigen Beziehung zum Kind. Dies betrifft Freiräume für das Kind und eine Entspannung der Familiensituation.
– In Phase 2: Kind- und familienzentrierte Bestimmung und Zielerarbeitung der Interventionen, z. B. minimale Regeln zu definieren.
– In Phase 3: Aufbau eines konzentrierten und intensiven Spielverhaltens. Ausgegangen wird von den Nahsinnen und der Motorik.
– In Phase 4: Stabilisierung des Spiel- und Beschäftigungsverhaltens, indem die Selbststeuerung gefördert und die Außensteuerung reduziert wird.
– In Phase 5: Steigerung der Anforderungen an das Spiel- und Beschäftigungsverhalten.

Inhaltlich kommen folgende Interventionsformen zum Einsatz:

a) Wahrnehmungsschulung (Differenzierung von Stimuli; und zwar vorerst auf einen Wahrnehmungskanal beschränkt. Später intermodal: kinästhetisch, auditiv, akustisch, taktil. Dadurch wird die Körperkonzentration gesteigert.
b) Aufmerksamkeitsförderung durch spezifische Übungen, die aufbauend auf den Wahrnehmungsübungen, längerfristige Konzentration erfordern (motorische Koordination, visuelle Differenzierung, auditive Differenzierung, soziale Differenzierung).

c) Einhalten von einfachen sozialen Regeln, z. B. die Reihenfolge von Übungen.
d) Erlernen interner Stoppsignale z. B. durch Selbstverbalisierung im Spiel oder Stopp-Signale: Stop – nimm wahr – überlege – führe aus – beende!
e) Verstärkung sozial erwünschter Verhaltensweisen durch Lob.
f) Üben von Alternativstrategien: Wie können wir das sonst noch machen?
g) Aufbau von Sozialkontakten (vor allem mit Gleichaltrigen).
h) Stärkung der Persönlichkeit (Verstärkung positiver Qualitäten).
i) Abschließen von Handlungen.

2) Beratungsgespräche mit der Familie

Stärkung der Erziehungskompetenz der Eltern, Wissensvermittlung, Elternanleitung, aber auch Strategietrainings stellen elternzentrierte Interventionen dar. Eltern sollen sich in der Erziehung ihres Kindes kompetenter fühlen und Alternativstrategien einsetzen können. Inhaltlich kommen folgende Interventionsformen zum Einsatz:

a) Klärung der Erziehungskompetenz und von Erziehungsstrategien: Wer erzieht wie in der Familie?
b) Erziehungsberatung (Erarbeitung von Alternativen.)
c) Beratung über die Gestaltung der Umwelt: Vermeiden von Ablenkung.
d) Information über die Störung.
e) Schaffung möglicher Freiräume, um die Familiensituation zu entlasten.
f) Schaffung strukturierter Beziehungsangebote (definierte Spielräume).

3) Veränderung von Umweltvariablen

a) durch aktive Umweltgestaltung (Informationen, wie ich den Arbeitsplatz des Kindes gestalte).
b) Information über die Störung für das soziale Umfeld: die Großeltern, den Kindergarten u. a.
c) Reframing von Verhalten (Uminterpretation von Verhaltensweisen: z. B. aggressives Verhalten als Kontaktwunsch).

4) Transdisziplinäre Begleitung und fallbezogene Reflexion im Team

Aufgrund unterschiedlicher Ursachen in der Entstehung und Aufrechterhaltung der Störung sind jeweils individuelle unterschiedliche Strategien notwendig. Gerade Kinder mit Hyperaktivität sind gefährdet, sekundäre Störungen zu entwickeln (z. B. kinderpsychiatrischer Natur). Teamarbeit ist somit unumgänglich.

6.3 Der Prozess als Ergebnis

Der Abschluss von Handlungsbogen innerhalb der Fördereinheit als auch weiterer Ziele darf als Ergebnis des Förderprozesses angesehen werden (Abbildung 24).

Die Summe der durchgeführten Interventionen und Handlungssequenzen ist das formale Ergebnis des Förderprozesses. Der inhaltliche Aspekt schließt die Bewertung dessen ein, was gemeinsam durchgeführt wurde. Im Gegensatz zur Reflexion des Förderprozesses steht die Frage, ob Ziele erreicht wurden, nicht im Vordergrund. Vielmehr ist die Nachvollziehbarkeit der einzelnen Prozessschritte der Indikator für Qualität:

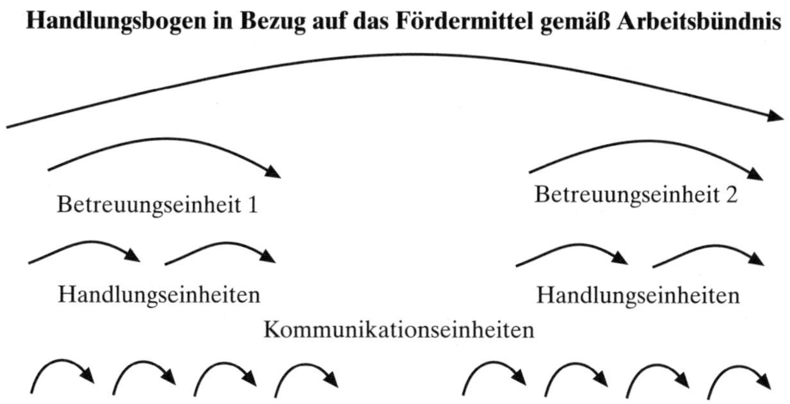

Handlungsbogen in Bezug auf das Fördermittel gemäß Arbeitsbündnis

Betreuungseinheit 1   Betreuungseinheit 2

Handlungseinheiten   Handlungseinheiten
            Kommunikationseinheiten

Abbildung 24: Das Schließen von Handlungsbogen als Prozesskriterium

– Was haben wir gemeinsam gemacht?
– Auf welchen Hypothesen haben wir unser Handeln gegründet?
– Welche Indikatoren haben wir, dass unsere Begründungen auch richtig waren?

Der Förderprozess wird somit ein kontinuierlicher, nachvollziehbarer Prozess, der sich vor allem in der Begleitdokumentation wieder findet. Die Form der Prozessdokumentation hängt stark von institutionellen Vorgaben ab. Die Buntheit der Dokumentationsformen erschwert eine sozialpolitische Gesamtbewertung der Frühförderung, da Daten kaum vergleichbar sind. Fehlende wissenschaftliche Begleitforschung, die Aufsplitterung der Frühförderlandschaft (in Österreich mehr als in Deutschland) und die damit verbundenen Eigeninteressen der Trägerorganisationen verhindern bewusst oder unbewusst eine Prozessevaluation über die jeweilige Institution hinaus. Das mag Aspekte der Weiterentwicklung des Systems „Frühförderung", des überregionalen Lobbyings oder der sozialpolitischen Evaluation schmälern, nicht jedoch das subjektive Gefühl der Unterstützung und Begleitung, das die Kinder und die Eltern in Bezug auf den gemeinsam zurückgelegten Weg schildern.

Fragen zur Selbstevaluation 6:

a) Wie erkenne ich an mir selbst oder in der Institution Symptome der Überforderung?

b) Woran erkenne ich persönlich/wie erkennen wir im Team, dass wir das Kind oder die Familie weder unterfordern noch überfordern?

c) Welche Schutzfaktoren kann ich für mich selbst oder für mein Team identifizieren? Wie mobilisiere ich meine eigenen Kräfte?

d) Welche „verführerischen" Beziehungsangebote nehme ich gerne an, in welchen sehe ich Ressourcen und welche sind für mich leicht identifizierbar? Welche Strukturen benötigen wir in der Frühförderstelle, um eigene „blinde" Flecken zu klären?

e) Auf welche formalen und informellen Unterstützungsstrukturen kann ich zurückgreifen? Wie wird ein solcher Wunsch nach „Supervision, Intervision u. a." von meinen Kolleginnen oder der Frühförderstellenleitung bewertet?

f) Woran erkenne ich, dass ich Förderdruck ausübe? Welchen persönlichen Handlungsimpulsen folge ich, sobald ich mir dessen bewusst bin?

g) Welche Strukturen sind einem Austausch über Fördermethoden in der Frühförderstelle dienlich, welche hinderlich?

h) Welche Fördermethoden erscheinen in der Frühförderstelle „erwünscht", „akzeptiert", „abgelehnt" oder „tabuisiert"?

i) Welche Strukturen fördern in meiner Einrichtung transdisziplinäres Arbeiten? Welche Beschreibungsinstrumente für Teamarbeit stehen uns zur Verfügung?

j) Wie beschreiben wir unsere Eltern- bzw. Familienarbeit?

k) Gibt es Notfallpläne für Krisen (in den Familien)?

l) Was benötige ich persönlich in Krisensituationen? Inwiefern ist die Struktur meiner Institution in der Lage, nötige Unterstützung zu gewähren?

m) Wie müssen wir uns in der Frühförderstelle verhalten, dass alles beim „Alten" bleibt?

n) Welche Rahmenbedingungen benötigen wir, um Veränderungen zuzulassen?

7 Reflexion und Abschluss der Frühförderung

Reflexion beschreibt und bewertet den Frühförderprozess
a) mit der Familie,
b) vor den eigenen Handlungszielen
c) gemeinsam mit dem transdisziplinären Team und/oder
d) in der Supervision.

Neben der Zielarbeit ist die Reflexion ein weiteres Kriterium der Evaluation. Durch „rollierende Planung" (Abbildung 25) führen Prozesse der Reflexion zu dynamischen Zielabstimmungen.

Reflexion umfasst folgende Aspekte der Bewertung:
a) Welche Ziele wurden erreicht?
b) Welche Faktoren waren dem Prozess förderlich bzw. hinderlich?
c) Wie soll mit offenen Zielen umgegangen werden?

Solchermaßen kann Frühförderung auf der Ebene der Struktur, des Prozesses und des Ergebnisses reflektiert werden:

Sowohl für die Reflexionsphase als auch für den Abschluss der Frühförderung gilt, dass die Fachkraft für die Lenkung des Prozesses verantwortlich ist, und zwar für die Definition der Rahmenbedingungen. Die inhaltliche Steuerung kann sich darauf beschränken, einen Gesprächsleitfaden zu haben.

Der Abschluss der Frühförderung und der mögliche Übertritt in ein neues „System" (z. B. Kindergarten, Schule u. a.) stellen für das Kind und die Eltern eine Herausforderung dar: Kann den neuen Systemregeln (z. B. der Gruppensituation) mit den erworbenen Fähigkeiten entsprochen werden? Vor allem darf nicht davon ausgegangen werden, dass jene neuen Systeme selbstverständlich daran interessiert sind, Informationen aus dem vorangegangenen System zu integrieren.

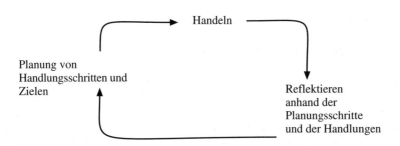

Abbildung 25: Rollierende Planung

Tabelle 18: Ebenen der Reflexion

Ebene	Assoziierte Frage	konkretes Beispiel
Struktur	Hemmende und fördernde Bedingungen	Sollte die Häufigkeit geändert werden, z. B. Phasen intensiver Frühförderung, die von Phasen der Pause abgelöst werden (Pausenforschung)? Frühförderung teilweise im Zentrum, teilweise zuhause?
Prozess	Berufe ich mich auf ein passendes pädagogisches Modell? Stimmen meine Begründungen?	Inwieweit sind Differenzierungen sinnvoll, z. B. zwischen direktiven Methoden bei Kindern mit Übungsdefiziten und der Förderung der Eigenaktivität bei Kindern mit schwereren Behinderungen?
Ergebnis	Waren die gewählten Indikatoren für die Zielerreichung sowohl für das Kind als auch die Familie und mich bedeutsam?	Konnten wir mittels unseres Zielkontraktes das formulieren, was wir letztendlich erreicht haben? Das Nicht-Erreichen eines Förderzieles bedeutet nicht, dass der Förderprozess nicht bedeutsam gewesen wäre.

Wahrnehmung der Welt und Interpretation erfolgen nach den jeweiligen systemeigenen Regeln (Watzlawick 1984): Salopp formuliert nimmt „Schule" ihre (Schul-)Kinder nur mittels schuleigener Kriterien wahr. Diese Wahrnehmung basiert auf den Regeln des Schulsystems (z. B. Leistungsparameter, Bildungsfähigkeit, Sonderpädagogischer Förderbedarf). Nur selten werden Informationen der „überweisenden" Institution berücksichtigt.

Eine ähnliche jeweilige „Neuerschaffung der Welt" mittels berufsspezifischer Wahrnehmungsmuster ist – wie bereits erwähnt – auch in transdisziplinären Teams zu beobachten. Für die Frühförderung bedeutet dies, dass sie bei Systemübertritten den „Übergabeprozess" aktiv steuern muss und sich nicht darauf verlassen sollte, dass die aufnehmende Institution dies aktiv einleiten wird. Außer wenn die Eltern selbst die Frühförderung abbrechen und somit Handlungsbogen nicht gemeinsam geschlossen werden können, stellt auch der Abschluss einen gelenkten Dialogprozess dar.

7.1 Reflexion

7.1.1 Den Reflexionsprozess vorbereiten

Selbstevaluation legt Wert darauf, dass die beteiligten Individuen die Bewertung zielorientierter Prozesse mitgestalten (Heiner 1988). Im Rahmen der Frühförderung beginnt dies damit, dass die erforderlichen Vor- und Nachbereitungen der Betreuungseinheiten verantwortungsvoll durchgeführt werden. Die Fachkräfte sammeln die Prozessdaten zu einer Gesamtbewertung. Aufzeichnungen durch die Frühförderinnen stellen nur einen Pool an Informationen dar. Das Gespräch mit den Eltern, dem Geschwisterkind, die Bewertung im Team oder auch die fallsupervisorische Reflexion führen dazu, ein vielschichtiges Bild zu konstruieren, dessen Stärken in der Unterschiedlichkeit und im gemeinsamen Dialog darüber liegen.

In welchem Ausmaß Vor- und Nachbereitungen durchgeführt werden, hängt vom jeweiligen Berufsverständnis der Frühförderin, aber auch von institutionellen Regeln ab. Damit wird auch deutlich, dass Selbstevaluation zwar ein inhaltlich sinnvolles Mittel der Prozessbeschreibung darstellt, kaum jedoch ein Instrument zur Bewertung von formalen Abläufen (z. B. Einhalten von Terminen, Ausfüllen von Formularen). Diese müssen, in welcher Form auch immer, einer externen Evaluation z. B. durch die Leitung unterliegen, d. h. einer Fremdevaluation. Häufig ist zu beobachten, dass administrative Auflagen vor allem dann als Belastung erlebt werden,

- wenn der Fachkraft dafür wenig zeitliche Ressourcen zur Verfügung stehen;
- wenn die erhobenen Daten persönlich als nicht bedeutsam, d. h. als nicht handlungsleitend erachtet werden;
- wenn die Frühförderin für sich keinen persönlichen Nutzen daraus ziehen kann.

Über die Qualität der Frühförderung zu sprechen beginnt damit, Strukturbedingungen zu schaffen, damit Qualitätsmanagementmaßnahmen überhaupt durchgeführt werden können. Vor- und Nachbereitung benötigt Zeit, mindestens jeweils 10 bis 15 Minuten pro Kind. Eine hohe Anzahl betreuter Kinder, wie dies z. B. in einigen deutschen Frühförderstellen mit bis zu 30 Betreuungseinheiten pro Woche der Fall ist, stellen Hemmfaktoren dar. Ähnliches gilt für all jene administrativen Vorgaben, die in den Augen der Fachkräfte wenig sinnvoll sind. Leichte Durchführbarkeit und hohe praktische Umsetzbarkeit sind der Dokumentation förderlich: Ein Beispiel eines für Forschungszwecke erstellten Vor- und Nachbereitungsbogens im Rahmen des Projekts „Frühförderung bei Kleinkindern mit Aufmerksamkeits-Hyperaktivitätsstörung" ist in Abbildung 26 angeführt (SHFI 1998).

Wie bereits beschrieben, erscheint die Vorankündigung, dass Reflexionseinheiten Teil der Frühförderung selbst sind, als wichtigste Strukturvoraussetzung der Reflexion. Dadurch wird ihr die mögliche „Schicksalshaftigkeit" der „Wirkt/wirkt nicht"-Frage genommen. Selbstreflexion, gemeinsame Bewertungen mit den Eltern und im Team sollten mindestens halbjährlich durchgeführt werden.

Zur Reflexion wird neben definierten Zeitressourcen (wann, mit wem, wie lange) vor allem eine gute Vorbereitung benötigt. Dies kann z. B. mittels eines Fragenkatalogs erfolgen:

Name des Kindes: *Martin Huber*		FrühförderIn: *Eva Müller*				
x= geplant im Sinne der Vorbereitung,		++,+,–,--: bewertet im Sinne der Durchführung				
Intervention		**Ziel**	Datum 7.1.1999		Datum 14.1.1999	Sonst.
	Pädagogisches Ziel: *Abschließen von Handlungsbögen*	Handlungsfeld: *Umgang mit Rhythmik*	Vor	Nach	Vor	nach
K	Martin soll, auf einfachen Wahrnehmungsübungen aufbauend, für sich lernen, a) Situationen einzuschätzen b) einfache Handlungen zu planen, c) durchzuführen d) abzuschließen	Wahrnehmungsschulung: *(akustische Differenzierung: kurz/lang)*	x	++	x	+	
		Integration von Stimuli					
		Aufmerksamkeitsförderung: *Wiederholung*	x	+	x	++	sehr gut
		Frustrationstoleranz: *Lässt sich Martin motivieren?*	x	–	x	+	besser
		Erlernen interner Stoppsignale: *Selbstverbalisierung eingeführt*		+	x	+	etwas Neues für Max
E	Eltern sollen durch Gespräch sensibilisiert werden, wann Martin genug hat.	Systemische Reflexion der Familiendynamik	x	+	x	–	Großmutter ist am 14.1. da!!
		Klärung der Erziehungskompetenz			x	+	
		Erziehungsberatung					
U	Informationen geben über die Störung: *Wie bereite ich eine Situation für Martin vor?*	Situationskontrolle *Erkennen, wann Martin überfordert ist.*			x	–	
		Information der Umwelt					
		Sonstiges:					
++ sehr förderlich, + förderlich, – eher hinderlich, -- sehr hinderlich							
	Anmerkungen in Bezug auf die Förderlichkeit/ Hinderlichkeit von Kontextvariablen	K = kindbezogene Variablen	Martin reagiert dann gut, wenn etwas als Wettspiel angeboten wird.				
		E = Elternbezogene Variablen	Wenn die Mutter gestresst ist, lässt sich Martin schwer motivieren				
		U = umweltbezogene Variablen	Die Anwesenheit der Großmutter übte Stress aus.				

Abbildung 26: Evaluationsbogen

Tabelle 19: Fragenkatalog zur Reflexion

Vorbereitung für mich selbst als Frühförderin	Vorbereitung für die Reflexion mit der Familie	Vorbereitung für die Reflexion im transdisziplinären Team
a) Welche Ziele habe ich verfolgt? b) Was ist gut gegangen (wo konnte ich etwas mitgeben, wo war ich effektiv?) c) Was ist weniger gut gegangen, was hat es verhindert? d) Was machen wir mit den Aspekten, die offen geblieben sind? e) Wie bewerte ich den Förderprozess? f) Welche Dokumente oder Hilfsmittel benötige ich zur Reflexion mit der Familie?	a) Was haben wir in der kindorientierten Förderung, der Elternarbeit und im Team konkret getan? b) Welche Ziele haben wir verfolgt? c) Inwiefern haben wir diese Ziele erreicht? d) Woran erkennen wir die Effekte des Förderprozesses? e) Was hat die Arbeit erleichtert, was erschwert? f) Wie bewerten wir die Arbeit in Bezug auf die Erwartungen?	a) Was haben wir getan? b) Wie bewerten wir das, was wir getan haben? c) Welche Ziele haben wir verfolgt? d) Welche Ziele haben wir erreicht? e) Wie gestaltete sich der Teamprozess? f) Woran haben wir Transdisziplinarität bemerkt? g) Welche förderlichen Aspekte gab es, welche hinderlichen?

7.1.2 Der Prozess der Reflexion

Erfahrungsgemäß benötigt eine Reflexionseinheit ein bis eineinhalb Stunden. Die Anwesenheit weiterer Familienmitglieder (des Vaters, der Geschwister) ist wünschenswert, jedoch nicht immer durchführbar. Häufig delegieren die Väter Frühförderung an den Kompetenzbereich der Mütter. Wenn weibliche Fachkräfte vornehmlich mit Müttern über Erziehungsfragen sprechen, droht der Ausschluss der Väter und teilweise phantasierter Kompetenzverlust (Warnke 1983). Dies spricht für die Einbeziehung der Väter – zumindest bei den Reflexionseinheiten. Frühförderinnen schildern vor allem in der Supervision Zweifel, ob sie Väter dazu auffordern sollen. Väter können zwar nicht gezwungen, jedoch mit Nachdruck gebeten werden, wobei ihre Anwesenheit in hohem Maße mit der Klarheit der „Einladung" zusammenhängt.

Nur eine tragfähige Arbeitsbeziehung ermöglicht eine Bewertung, welche Ziele in welchem Ausmaß erreicht wurden. Dies schließt ein, sich zu erinnern, welche pädagogischen Handlungen in der Frühförderung ausgeführt wurden:

– Was ist konkret getan worden?
– Welche Fördermaterialien wurden eingesetzt?
– Wie viele Termine gab es?
– Welche transdisziplinäre Arbeit wurde geleistet?

Gerade in langen Frühförderprozessen – dies kann bei Sinnesbehinderungen bis zu 6 Jahren darstellen – werden einzelne Förderschritte verständlicherweise nicht mehr erinnert. Es ist nicht davon auszugehen, dass die Eltern die einzelnen Prozessschritte so im Gedächtnis abrufbar haben wie z. B. die Fachkraft. Das Erinnern der Förderschritte geht in eine Bewertung der Zielerreichung über: Welche Ziele haben wir formuliert, in welchen Bereichen haben wir sie erreicht, welche Aspekte sind offen geblieben? Dokumente, die die Ziele beschreiben, sind hier nützlich: Förderdiagnostik, Videos, Fremdbewertungen, Befunde vom behandelnden Kinderarzt u. a.

Das Erreichen von Zielen kann jedoch auch von Zufallsprozessen abhängen. Deshalb ist abzuklären, was die Frühförderung zur Unterstützung beigetragen hat. Dies ist wichtig, wenn über Elternzufriedenheit mit Frühförderung diskutiert wird. Eine alleinige Messung von Zufriedenheit erlaubt nur eine Aussage über die Übereinstimmung zwischen Erwartungen und eingetretenen Prozessen. Wenig wird über die *Qualität* der Leistung ausgesagt. Zufriedenheit mit einem sozialen Service wird dann erreicht, wenn der Dienstleistungsgeber genau das tut, was der Kunde will. Das bedeutet noch lange nicht, dass der Service auch gut ist und dass Effekte auch auf die Dienstleistung zurückgeführt werden können. Zu einer solchen Einschätzung wird ein Vergleichswert benötigt, der Qualitätskriterien sowohl bei den Frühförderinnen als auch bei den Eltern definiert.

Diese Anmerkungen beschränken ein wenig die Aussagekraft von Zufriedenheitserhebungen (z. B. Lanners/Mombaerts 2000). Wichtig ist die *Zuschreibung* von Effekten an die Frühförderung: „Frühförderung unterstützte mich bei... Diesen oder jenen Effekt sehe ich im Zusammenhang mit der frühen Hilfe" u. a. Eine alleinige Erhebung der Zufriedenheit der Kunden gibt keine Auskunft über die Effektivität einer Fördermaßnahme. Gerade bei Kindern mit schwerer Behinderung sind Auswirkungen teilweise schwer messbar, teilweise sind Förderziele aufgrund gesundheitlicher Beeinträchtigungen nicht immer erreichbar. Die Beschreibung hemmender und fördernder Faktoren trägt dazu bei, mögliche erlebte Misserfolge in sinnvolle Interpretationsrahmen zu stellen. Möglicherweise wurden die Ziele nicht richtig eingeschätzt. Dies sollte zu einer genaueren Förderdiagnostik führen. Vielleicht waren die Hoffnungen zu groß: Wie viel Machbarkeit wurde erwartet? Vielleicht war es auch „nur" die Übersiedlung in eine neue Wohnung, die dem Kind und der Familie zu schaffen machte.

Reflexionsarbeit kann mit ähnlicher Methodik auch im transdisziplinären Team erfolgen (Abbildung 27). Als Qualitätsregel sollte jedes Kind einmal im Jahr im Team „vorgestellt" werden. Die Durchführung einer solchen Evaluation scheitert meist an Zeitmangel und am „Überhang" administrativer Klärungen. Häufig auch an der Notwendigkeit, Gelder mittels Spendenaktionen, Benefizveranstaltungen u. a. zu gewinnen. Fundraising ist keine grundsätzlich pädagogische Aufgabe der Frühförderung. Sie bindet Energien und Zeit, die im Sinne des Qualitätsmanagements besser bei Aus- und Weiterbildung oder in der Reflexion der betreuten Familien eingesetzt werden könnten.

Reflexion erfordert ein minimales Interesse an der Frühförderung. Wenn sich die Verständigung mit Familien schwierig gestaltet, kann dies auch darin bestehen, gemeinsam Videos zu betrachten. Die meisten Eltern sehen ihre Kinder gerne „im Fernsehen". Vor allem wenn Fähigkeiten des Kindes hervorgehoben werden können, die bei der Videoaufzeichnung am Beginn der Förderung noch nicht vorhanden waren. Auch wenn das Interesse der Eltern nicht immer als optimal ein-

	Fragen, die die Reflexionseinheit strukturieren		**Lösungen und weiterführende Überlegungen**
1.	Erlaubt die Zusammenarbeit eine sinnvolle Reflexionsarbeit? Gibt es ein Minimum an Interesse am Förderprozess?	→ Nein →	Wie können wir akzeptable Arbeitsbedingungen schaffen? Gibt es Motivation dafür? Erscheint Frühförderung in der jeweiligen Familie sinnvoll?
2.	Dialog über die Ziele und Erwartungen an die Frühförderung. Gibt es eine Übereinstimmung über die angestrebten Ziele?	→ Nein →	Heranziehen von Dokumenten, dem Arbeitsbündnis, der Förderdiagnostik. Wie können wir uns Unterschiedlichkeiten erklären?
3.	Erinnern der Förderschritte: Was haben wir gemacht? Stimmen die Erinnerungen überein?	→ Nein →	Heranziehen von Dokumenten: Vor- und Nachbereitungen, Aufzeichnungen…
4.	In welchem Ausmaß haben wir die angestrebten Ziele erreicht? Woran erkennen wir dies? Wo wurde Unterstützung erlebt? Stimmen wir in der Bewertung überein?	→ Nein →	Wie erklären wir uns diese Unterschiedlichkeit der Einschätzung? Was benötigen wir, um zu einer relativen Übereinstimmung zu kommen?
5.	Was war dem Prozess förderlich, was hinderlich? Was wurde als unterstützend erlebt? Können wir unsere Ziele weiterverfolgen?	→ Nein →	Neuformulierung von Zielen? Wegfall der Notwendigkeit der Frühförderung?
6.	Fortsetzung der Frühförderung		

Abbildung 27: Modellhafter Ablauf einer Reflexionseinheit

geschätzt werden kann, zeigen sich gerade bei Kindern mit sozialen Risiken größte Fördererfolge (Dunst et al. 1989). Wenn diese minimale Basis des Interesses nicht gegeben ist, bleibt fraglich, ob Frühförderung sinnvoll ist.

Auch wenn Frühförderung als Maßnahme vom Jugendgericht ausgesprochen werden kann, erachte ich eine zwangsweise Durchführung als eher kontraproduktiv, da die Fachkraft beim Kind möglicherweise einen Loyalitätskonflikt auslöst: Mütter berichten, dass das Kind nach der Betreuungseinheit „völlig verstört" sei. Hier lauert die Gefahr für die Frühförderin, in die Rolle der „besseren" Mutter zu schlüpfen (Warnke 1983). Auch wenn es manchmal schmerzt, anerkennen zu müssen, dass Kinder lernwillig und begierig sind und durch die familiären Umstände in ihrer Entwicklungsfähigkeit eingeschränkt werden, vermag Frühförderung Kinder nicht zu „retten". Reflektieren bedeutet in diesem Zusammenhang auch, die eigenen bescheidenen Handlungsmöglichkeiten zu sehen und so gut wie möglich einzusetzen.

7.1.3 Wie geht es weiter: Das Ergebnis des Reflexionsprozesses

Der Reflexionsprozess erlaubt es, die Förderarbeit zu bewerten und weitergehende Schritte zu klären. Dies mag eine Neuformulierung von Zielen umfassen, die neuerlich förderdiagnostischer Abklärungen bedarf. Die Reflexion kann jedoch auch eine Bestätigung der eingeschlagenen Wege ergeben, sodass der Förderprozess fortgesetzt wird. Dies ist der Regelfall. Durchschnittlich erhalten Kinder mit Behinderung zwei Jahre Frühförderung (Pretis 2000a). Im optimistischen Einzelfall kann die Reflexion ergeben, dass die Voraussetzungen für Frühförderung weggefallen sind: Das Kind hat sich gut entwickelt, die Eltern verfügen über andere Unterstützungsressourcen. In der obengenannten österreichischen Untersuchung betraf dies 20% der frühgeförderten Kinder (Kinder mit sozialen Risiken eingerechnet). Reflexion kann auch ergeben, dass eine gemeinsame Arbeitsbasis fehlt. Es muss akzeptiert werden, dass es Eltern gibt, die auf Frühförderung verzichten: Sei es, dass sie jede Art von Förderdruck ablehnen und subjektiv das Gefühl haben, gut mit sich und ihrem Kind zurecht zu kommen. Sei es dass sie von anderen therapeutischen Methoden überzeugter sind oder schlicht weg die Bedürftigkeit ihrer Kinder nicht erkennen (wollen). Letzterer Fall eröffnet immer die Frage nach Überzeugungsarbeit, nach „sanftem" Druck oder nach der deutlichen Drohung einer Fremdunterbringung. Dies ist jedoch nicht Aufgabenbereich der Frühförderung und sollte von ihr als Auftrag auch nicht angenommen werden (auch wenn Jugendämter diese Rolle gerne delegieren wollen). Mit negativen exekutiven Rollen möchte sich niemand gerne identifizieren.

Über die Frühförderung hinaus müsste eine bedürfnisorientierte Förderdiagnostik die Frage beantworten, welche Anliegen Eltern haben, die das Angebot „Frühförderung" nicht annehmen können.

– Können wir diese Bedürfnisse mit den Mitteln der Sozialarbeit befriedigen?
– Können wir klar sagen, dass wir dies akzeptieren?
– Was tun wir mit offenen pädagogischen Ansprüchen?
– Was tun wir mit unserer Hilflosigkeit und Trauer um das Kind in solchen Fällen?

Dies sind jedoch nicht die Regelfälle, auch wenn in Ausbildungsseminaren immer wieder der Wunsch geäußert wird, eben jene Extremfälle zu lösen. Oft gibt es in diesen Fällen auch keine Lösung, sondern nur ein Loslösen von eigenen Bildern der Kontrollierbarkeit.

7.2 Der Abschluss der Frühförderung

Frühförderung wird beendet bei

a) Wegfall der Voraussetzungen (das Kind hat seine Entwicklungsverlangsamung wettgemacht),
b) Abbruch von Seiten der Eltern oder der Frühförderin,
c) Aufnahme in eine weiterführende Institution, die Frühförderung ausschließt,
d) Ableben des Kindes

Die Qualität der Frühförderung alleinig am präventiven Aspekt zu messen, verkürzt und reduziert den besonderen Daseinszustand Behinderung. Viele der in der Frühförderung betreuten Familien werden sich zwar in ihren Handlungskompetenzen unterstützt fühlen, benötigen jedoch weitere Integrationshilfen. Trotzdem ist auch von den Helfern eine gewisse Wahrnehmungsverzerrung zu beobachten, was die Erfolge der frühen Hilfe betrifft: Einschränkungen und Hilfebedarf werden häufig über die Fortschritte gestellt. Die Erfolge mögen bei Kindern mit Behinderung schwerer wahrnehmbar sein als bei Kindern mit sozialen Risiken, was jedoch nur darauf hinweist, dass wir unsere Wahrnehmungssysteme sensibilisieren müssen.

Dass Frühförderung im Sinne der Entwicklungsförderung und der Unterstützung der Familie wirkt, ist heute unbestritten. Gerade der Abschluss der Frühförderung stellt eine Gelegenheit dar, diesen individuellen präventiven Effekt zu beschreiben. Die Lenkung dieses Kommunikationsprozesses obliegt der Frühförderin. Den Prozess der Frühförderung abzuschließen bedeutet, Rahmenbedingungen der „Übergabe" zu gestalten, übernommene Aufträge abzuschließen bzw. zurückzugeben und den Kommunikationskreis Frühförderung als Lebensabschnitt eines Kindes oder einer Familie zu schließen.

7.2.1 Den Abschluss strukturieren

Ähnlich wie die Reflexion erfordert der Abschluss der Frühförderung einen definierten Zeitrahmen, Vorbereitung und Planung. Frühförderung abzuschließen ist nicht mit dem administrativen Ende gleichzusetzen. Meist sind nach dem Ende der Arbeit in der Familie noch organisatorisch-administrative Aufgaben zu erledigen: Abschlussbericht schreiben, Akten ablegen u. a.

In der Praxis erweist es sich als gut, mindestens einen Monat vor Abschluss diesen Prozess zu beginnen. Aufgrund von langen Anmeldefristen in Kindergärten oder Schulen beginnen die vorbereitenden Schritte meist schon viel früher. Das Hauptaugenmerk liegt darin, gemeinsam mit den Eltern das Tempo der weiteren Schritte und Entscheidungskompetenzen festzulegen.

Die Fachkraft kann den Prozess des Abschlusses einleiten und die Vorbereitung weiterer Schritte zwar initiieren, die Eltern treffen jedoch die Entscheidungen (mit Ausnahme von Maßnahmen durch das Jugendamt). Aufgrund der Vorerfahrungen mit Institutionen sind Frühförderinnen bisweilen schneller als die Eltern: „Dies ist noch zu tun, jenes Gutachten ist noch einzuholen..." Eltern fühlen sich bisweilen in ihrer Handlungskompetenz eingeschränkt oder gedrängt. Gerade bei Systemübertritten ist abzuklären, wer welchen Schritt übernimmt, und das Tempo der Eltern ist zu respektieren. Dies betrifft z. B. die Frage nach der Einschulung oder den Besuch eines Kindergartens. Eltern äußern bisweilen Zweifel, ob es Sinn hat, dass ihr Kind den Kindergarten besuchen soll. Mit Ausnahme schwerer gesundheitlicher Gefährdung des Kindes hat jedes Kind das Anrecht auf soziale Integration. Normalisierung bedeutet, dem Kind die Mitgestaltung an gesellschaftlich anerkannten Prozessen zu ermöglichen (Hovorka 1994, Kübi 1988). Dies schließt den Kindergartenbesuch, Einschulung, Freizeitmöglichkeiten und Arbeit ein.

Kinder und Familien aus der Frühförderung zu entlassen, bedeutet auch, ihnen weitere Entwicklungsmöglichkeiten zu bieten (Bronfenbrenner 1981). Leider gibt es immer wieder Familien, die diese Angebote ablehnen und meist auch vor dem Gesetz ihre Wünsche durchzusetzen verstehen: Kinder und Jugendliche werden zuhause belassen, da es ihnen aus der Sicht der Eltern nirgends so gut geht wie in der Familie. Finanzielle Überlegungen spielen hier teilweise eine Rolle: Da in Österreich Teile des Pflegegeldes bei einer Betreuung in einem Heilpädagogischen Kindergarten oder einer Tagesheimstätte an die Trägerorganisation abgetreten werden müssen, erleben Eltern finanzielle „Einbußen" durch pädagogische Förderung.

Fallbeispiel:
Ein junger 19-jähriger Mann mit Down-Syndrom wurde von seiner Mutter zuhause betreut und konnte nicht die nahegelegene Tagesstätte aufsuchen, da ein Großteil des Pflegegeldes für die Rückzahlung von Kreditraten verwendet wurde. Weil ihr Sohn dauernde Beaufsichtigung benötigte, konnte die Mutter auch keiner Arbeitstätigkeit nachgehen. Der Bau des neuen Hauses geschah natürlich nur aus dem Grund, *dem Sohn ein optimales Zuhause zu bieten.*

Solche Situationen machen Helfer hilflos, da in den meisten Fällen die Entscheidungskompetenz der Eltern akzeptiert werden muss. Aus pädagogischer Sicht sind jedoch andere Maßnahmen (Kindergarten, Schule, Tagesstätte) sinnvoller. Hier haben Fachleute wenigstens das Recht und die Pflicht, ihre fachliche Meinung zu vertreten, zu dokumentieren und dies den überweisenden Stellen mitzuteilen. Sowohl die Eltern als auch die Behörden sollten informiert werden, dass zwar der Elternwunsch anerkannt wird, aus pädagogischer Sicht aber andere Maßnahmen besser wären. Es ist – mit wenigen berechtigten Ausnahmen – sinnvoll und förderlich, dem Kind mit Behinderung die Möglichkeit normalisierter Lebensrhythmen zu bieten: d. h. trotz schwerster Behinderung den Kindergarten zu besuchen, am sozialen Leben des Schulunterrichts teilzunehmen, produktiver Teil der Gesellschaft zu sein. Trotzdem muss den Eltern die Entscheidungskom-

petenz überlassen werden, auch wenn sie bisweilen nicht unseren Bildern entspricht.
   In der Abschlussphase können Frühförderinnen vor allem Prozesswissen vermitteln und Kontakte knüpfen. Dies soll jedoch mit Kenntnisnahme der Eltern geschehen. Bisweilen kommunizieren weiterführende Institutionen lieber mit Fachleuten als mit den Eltern. Es erscheint einfacher, *über* das Kind als *mit* dem Kind zu reden. Weitere Betreuungsschritte werden im optimalen Fall gemeinsam mit der Familie, dem Team und weiteren Institutionen (z. B. der Schule) eingeleitet.
   Beim Abbruch durch die Eltern ist diese gemeinsame Auseinandersetzung nicht immer möglich. In diesem Fall erscheint eine Abschlussreflexion in der Supervision oder im Team für die Fachkraft sinnvoll, wobei folgende Fragen geklärt werden können (Tabelle 20).

Der Auftrag an die Frühförderung – wer auch immer ihn gegeben hatte – sollte wieder „zurückgegeben" werden. In dieser Form ist die inhaltliche Kontinuität und die Transparenz der Kommunikation gewahrt.
   Abschlussarbeit erfordert im Team vor allem Disziplin, sich nochmals „zusammenzusetzen" und den Prozess zu reflektieren. In der Praxis wird es meist die

Tabelle 20: Abschlussfragen für die Frühförderung

Frage	Methodik	Ergebnis
Welche Ziele haben wir verfolgt? Welche haben wir erreicht, welche sind offen geblieben?	Vergleich mit förderdiagnostischen Zielsetzungen und durchgeführten Prozessschritten (siehe Reflexion)	Bewertung des Prozesses und des Ergebnisses
Welche Ressourcen haben wir genützt?	Analyse der Stärken. Was haben wir als unterstützend erlebt?	Mögliche Informationsweitergabe an nachfolgende Betreuungsstellen
Von wem habe ich welchen Auftrag erhalten?	Rekonstruktion des ursprünglichen Auftrages z. B. anhand von Dokumenten	Rückgabe des Auftrages: Senden des Betreuungsberichtes an die überweisende Stelle, Informationen an den Arzt weiterleiten u. a.
Was geschieht mit offenen Zielen?	Klärung der Zuständigkeit	Delegierung offener Fragen an weitere Betreuungsstellen
Offene persönliche Fragen? Welche persönlichen Fragen haben sich für mich im Laufe der Förderung ergeben: Was durfte ich vom Kind, der Familie lernen? Was möchte ich nehmen, was zurückgeben?	Selbstreflexion, möglicherweise Einzelsupervision	Schließen des Kommunikationskreises, Klarheit über weitere persönliche Vorgangsweise
Wie gestalten wir die letzte Einheit?	Individuelle Gestaltbarkeit	Inhaltlicher Abschluss

Aufgabe der Frühförderin sein, eben diesen Prozess aktiv einzufordern. Gerade in schwierigen Kommunikationssituationen ist auch die Möglichkeit einer Einzelsupervision für die jeweilige Fachkraft sinnvoll.

7.2.2 Der Spezialfall „Abbruch"

Der Abbruch durch die Eltern oder durch die Frühförderin ist zwar nicht die Regel, kommt jedoch trotzdem relativ häufig vor und hinterlässt meist Fragen, ob die Fachkraft auch persönlich dafür mitverantwortlich ist. Bei einer Untersuchung mit Kindern mit Down-Syndrom kam es in 25% zu einem Wechsel der Frühförderin, in 2 von 36 Fällen zu einem vollständigen Abbruch (Pretis 1998b). Nicht jede Frühförderin passt zu jeder Familie. Gerade der Reflexionsprozess sollte die Frage beinhalten, ob die Rahmenbedingungen Zusammenarbeit noch ermöglichen. Vielleicht gibt es passendere Alternativen, wenn nicht der Helfer von der Familie (finanziell) abhängt. Dies ist jedoch – überspitzt formuliert – in manchen Organisationsformen der Fall: Dann, wenn der Abbruch der Frühförderung zu jeweils individuellen Einkommensverlusten für die Fachkraft führt. Aus diesem Grund muss Frühförderung ein flächendeckender sozialer Service und nicht ein fallabhängiges Angebot sein. Gerade in der Behindertenarbeit ist es pädagogisch äußerst gefährlich, wenn Helfer von ihren Klienten direkt (über Betreuungszahlen) oder indirekt (über zu erreichende Betreuungseinheiten) abhängen.

Das Schreckgespenst „Abbruch" muss vor allem unter dem Aspekt der Freiwilligkeit und des Arbeitsbündnisses gesehen werden. Liegen keine minimalen Übereinstimmungen über die Arbeitsbedingungen vor, sollte der Prozess auch durch die Frühförderinnen selbst beendet werden. Da ein einheitliches Berufsbild in der frühen Hilfe fehlt, sind diese minimalen Voraussetzungen zurzeit hochgradig persönlichkeits- und organisationsabhängig. In diesem Zusammenhang zeigt sich auch die Verschwendung von Energien und Mitteln in der Qualitätsdiskussion (Speck 1999). Ohne Berufsbild und spezielle Anforderungsprofile geht es letztendlich um sehr persönliche oder institutionenspezifische Bilder. Diese individuellen Definitionen werden jedoch in Zeiten der Krise häufig mit persönlichen Strategien beantwortet. Professionalität verschwindet hinter privatem Krisenmanagement. Letzteres zielt jedoch meist darauf ab, „die eigene Haut zu retten", und nicht so sehr darauf, auf die Bedürfnisse des Klienten einzugehen. Eine Berufsbilddiskussion wird vor allem durch jene Frühförderstellen behindert, die befürchten, ihre guten Arbeitsbedingungen zu verlieren.

Lassen sich Abbrüche darauf reduzieren, dass junge alleinerziehende Mütter mit einem schwerbehinderten Kind von relativ unerfahrenen Frühförderinnen betreut werden (Strothmann/Zeschitz 1983)? Bei der Diskussion von Abbrüchen sollten nicht sosehr Merkmale der handelnden Personen in den Vordergrund der Analyse rücken (junge Mutter – unerfahrene Fachkraft), sondern jene Bedürfnisse, die offensichtlich nicht in ausreichendem Maß befriedigt werden können. In allen Abbruchssituationen geht es um kommunikative Strategien über unterschiedliche Bedürfnisse. Ein Abbruch der Frühförderung bedeutet, dass mit den dargebotenen Mitteln die Wünsche und Erwartungen nicht oder nur teilweise befriedigt werden können. Sowohl für Familie als auch Frühförderin (Tabelle 21).

Tabelle 21: Abbruchssituationen orientiert an interpretierten Bedürfnissen nach Maslow

Konflikt	Botschaften der Eltern	Bedürfnisse der Eltern	Lösungsmodell
Betroffenheit	Wir können nichts tun.	Existentielle Sicherheitssignale	Verantwortung des Gemeinwesens gegenüber Erziehungsbedingungen? Wer kann entlasten?
Kontrolle	Ich vertraue dir nicht.	Autonomie der Entscheidung bewahren	Äußerste Transparenz der Aufträge
Sympathie	Unsere emotionale „Chemie" stimmt nicht.	Ich wünsche nicht nur professionelle Betreuung, sondern auch emotionale Unterstützung.	Wechsel der Frühförderin
Kompetenz	Du bist nicht kompetent.	Anerkenne meine Fähigkeiten.	Wie kann ich dir meine Kompetenzen vermitteln, möglicherweise bessere Nutzung der Ressourcen (z. B. durch das Team)
Leistung	Du machst nicht das, was ich von dir fordere.	Entsprich meinem Bild.	Freiwilligkeit des Angebotes, Vertragsarbeit
Selbstverwirklichung	Ich vertraue in meine Fähigkeiten und gehe meinen Weg.	Bestärke mich in meinem Weg.	Definition des Hilfebedarfs
Transzendenz	Es gibt einen Sinn.	Lass mir meinen Glauben.	Im Hier und Jetzt sein

Das Angebot „Frühförderung" ist freiwillig und kann abgelehnt werden. Der Helfer muss den Wunsch der Eltern von seiner narzisstischen Kränkung, nicht gebraucht zu werden, unterscheiden. Darin liegt gerade im Behindertenwesen die Gefahr, dass Helfer die Qualität ihrer Arbeit darüber definieren, ob ihr Angebot akzeptiert ist.

Ein Abbruch der Frühförderung bedeutet noch lange nicht, dass die Arbeit nicht qualitativ hochwertig war, wohl aber dass die Rahmenbedingungen eine gemeinsame Arbeitsbasis nicht zuließen. Dies erfordert vornehmlich eine Definition jener Bedingungen, die eine Kooperation ermöglichen. In diesem Zusammenhang ist es auch sinnvoll, eine „Beschwerdekommission" oder einen „Elternbeirat" in Frühförderstellen einzurichten. Das Formulieren von Kritik und Wünschen hängt in der Betreuungseinheit sehr häufig von der Gesprächsbasis, aber auch der Eloquenz ab. Manche Eltern scheinen Zweifel zu haben, ob sie überhaupt Kritik üben dürfen: Sie fühlen sich häufig noch als Abhängige. Eine neutrale „Beschwerdekommission" oder aber eine Begleitevaluation könnten Brücken konstruktiver Kritik bauen. Der Dialog selbst ist dann meist das Instrument, Situationen neu zu bewerten und zu verändern. Das Versenden von Fragebögen ist kaum in der Lage, individuelle Veränderungsprozesse einzuleiten. Anonyme Erhebungen beschreiben meist polarisierte Wirklichkeiten: jene, die sehr zufrieden sind, und jene, die sehr unzufrieden sind.

Abbildung 28 (in Kapitel 7.2.4) beschreibt einen dialogischen Abschluss, der im Falle eines Abbruches nur als Einzelreflexion durch die Frühförderin selbst möglich sein könnte. Wichtig ist dann, offene übernommene Aufträge vor allem mit den zuweisenden Stellen abzuklären bzw. diese „zurückzugeben". Dies kann bedeuten, das Jugendamt oder den behandelnden Hausarzt zu informieren, dass die Frühförderung abgebrochen wurde. Erster Ansprechpartner in solchen Fällen ist das Frühförderteam. Auch ein Wechsel der Fachkraft kann erwogen werden. Aus ökologischer Sicht ist es durchaus entwicklungsförderlich, wenn ein Wechsel der Betreuungspersonen nach spätestens drei Jahren erfolgt. Die neue Fachkraft bringt neue Kommunikationsstrategien in die Familie. Die kurzfristige Verstörung der Familie erweist sich meist als entwicklungsförderlich für das Kind. Gerade bei sehr langen Förderprozessen (bis zu 6 Jahren in der Förderung sinnesbehinderter Kinder) müssen sich auch Familie und Frühförderin gegenseitig „entlassen".

7.2.3 Der Spezialfall „Tod des Kindes"

Einen Spezialfall stellt der Tod eines Kindes dar, wobei Frühförderinnen immer wieder die Frage nach der optimalen Vorgangsweise stellen. Mit dem Tod eines Kindes endet Frühförderung administrativ, sodass weitere Betreuungseinheiten im Sinne der Trauerarbeit nicht bezahlt werden. Ein Abschlussbesuch bei der Familie sollte unbedingt nach Voranmeldung und Abklärung der Wünsche der Familie erfolgen. Dasselbe gilt für die Teilnahme am Begräbnis des Kindes. Das abrupte Ende eines Beziehungsprozesses hinterlässt für die Hinterbliebenen nicht nur Gefühle der Trauer, sondern auch der Hilflosigkeit, besonders wenn Möglichkeiten des Abschiednehmens entzogen wurden. Auch bei einem verstorbenen Kind sollten ähnlich wie bei einem „gewöhnlichen" Abschluss der Frühförderung die entsprechenden Reflexionsprozesse durchlaufen werden. Es ist das Bild des Lebens, das bleiben soll, nicht jenes der Vergänglichkeit.

Es ist zwar wissenschaftlich nicht nachweisbar, doch häufig erleben wir, dass der Tod eines Kindes mit schwerster Behinderung mit der Geburt eines Geschwisterkindes zeitlich zusammenfällt: Als ob das Kind mit Behinderung dem Neugeborenen seinen Platz freigibt, aber auch aus seiner Rolle „entlassen" werden kann. Dies betrifft auch eine mögliche Entlastung des gesamten Familiensystems: Dies wird zwar am Stammtisch und unter der Hand gerne geäußert („Es ist schon besser, dass das arme Kind erlöst ist"), kaum jedoch im psychosozialen Bereich thematisiert.

Dass beim Tod eines geliebten Menschen emotionale und soziale Unterstützung notwendig sind, erscheint selbstverständlich. Menschlich ist es verständlich, Eltern auch in ihrem Trauerprozess begleiten zu wollen, administrativ ist dies in der Frühförderung in den meisten Fällen nicht möglich. Frühförderung stößt hier an ihre administrativen Grenzen. Was bleibt für die Helfer? Es gibt keinen richtigen Umgang mit der Endgültigkeit des Todes, nur die Möglichkeit, das zu integrieren, was ich vom Verstorbenen für mich annehmen kann und will.

7.2.4 Sich verabschieden

Aufträge und Handlungsbogen, die nicht abgeschlossen werden, binden Energie und behindern somit weitere Entwicklungsprozesse. Dies konnte z. B. gedächtnispsychologisch anhand des Zeigarnik-Effekts gezeigt werden: Unerledigte Aufgaben bleiben länger im Gedächtnis als erledigte (Zimbardo 1983). Gerade die Frühförderung zeichnet sich durch eine Vielzahl komplexer Handlungsaufträge aus. In keinem weiteren beruflichen Feld sind Experten in dem Maß zur Kooperation aufgerufen wie in der frühen Hilfe. Somit kommt dem Abschluss der Frühförderung besondere Bedeutung zu. Eine Vielzahl offener Handlungskreise muss geschlossen werden.

Meist hoffen Fachkräfte auf die Motivation oder das Interesse weiterführender Institutionen: Der Kindergarten wird doch an Informationen interessiert sein, die Schule wird Kontakt mit der Frühförderstelle aufnehmen u. a. Das darf nicht immer vorausgesetzt werden, weil jedes System prinzipiell daran interessiert ist, seine eigenen Systemregeln zu bestätigen: Kommt ein Kind in die Schule, wird die Situation vorerst mit schuleigenen Methoden bewertet. Vielleicht werden auch Informationen aus der Frühförderung herangezogen. Die Lenkung des Abschlusses obliegt somit in hohem Maß der Frühförderin.

7.3 Der Abschluss der Frühförderung: Offen sein für Neues

Frühförderung endet meist damit, dass Kinder in Systeme institutionalisierter Erziehung, die diese individuelle Form der Betreuung nicht anbieten können, eintreten. In den meisten Staaten Europas stellt der Schuleintritt den Abschluss von Frühfördermaßnahmen dar. Wie dieser Abschluss gestaltet wird, hängt von den Wünschen und Bedürfnissen der Familie ab: Das Spektrum reicht von einem formlosen distanzierten Ende bis hin zu Ritualen: sei es eine kleine Party mit Kuchen, sei es ein gemeinsames Betrachten von Fotos und Aufzeichnungen aus der Zeit der Förderung, sei es, dass kleine Geschenke ausgetauscht werden.

Rituale geben Sicherheit und verdeutlichen dem Kind und der Familie den Abschluss einer Lebensphase und den Beginn neuer Möglichkeiten. Manche Eltern erleben dieses Aufgeben eines liebgewonnenen Kontaktes auch schmerzlich, vor allem dann, wenn die Frühförderin einen langen Weg gemeinsam mit der Familie gegangen ist. Ob Frühförderinnen weitere private Kontaktangebote annehmen, hängt von ihrer jeweiligen Beziehungsdefinition in der Familie ab. Bei 22 bis 25 betreuten Kindern pro Frühförderin gelangen die Zeitkapazitäten jedoch bald an ein Limit. Frühförderung ist und bleibt trotz ihrer Familiennähe ein berufliches Beziehungsangebot mit klar definierten Austauschprozessen. Private Beziehungsangebote sind davon deutlich zu unterscheiden. Welche Bedürfnisse hinter dem Wunsch nach einer Fortsetzung des Kontaktes auf einer freundschaftlichen Basis stehen, kann in einer Einzelsupervision geklärt werden.

Das inhaltliche und formal-administrative Ende des Frühförderprozesses ist das Ergebnis des Abschlusses. Damit sind Übergabeprozesse (Kindergarten, Schule) und Ergebnisevaluation (Abschlussberichte) geregelt. Vor allem die formalen Kriterien sollten zügig beendet werden, da sie andernfalls als lästige Pflich-

136 Reflexion und Abschluss der Frühförderung

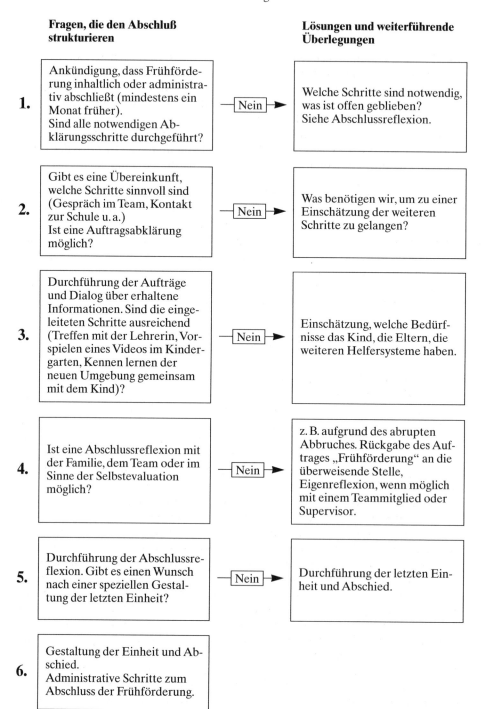

Abbildung 28: Struktur des Abschlusses

ten offen bleiben. In diesem Zusammenhang sind klarere externe Evaluationskriterien sinnvoll: Bis wann hat z. B. die aktenmäßige Bearbeitung zu erfolgen? Eine Checkliste durchzuführender Aktivitäten erweist sich als hilfreich:

– den behandelnden Hausarzt mittels Kurzbrief informieren;
– dem Sozialhilfereferenten den Endbericht zusenden;
– alle kind- und familienbezogenen Daten ablegen usw.

Trotz des formalen Abschlusses werden die einzelnen Kinder und Familien in Erinnerung bleiben. Sie werden als Ressourcen und Erfahrungen in Fallbesprechungen immer wieder auftauchen. Vor allem für jene Kinder, die keinen weiteren Förderbedarf benötigen, wäre auch eine administrative Aberkennung der besonderen Bedürftigkeit, des Vorliegens einer Behinderung u. a. sinnvoll. Solchermaßen würde die präventive Wirkung früher Hilfe für finanzierende und zuerkennende Stellen sichtbarer. Ähnliches gilt für die Sorgen der Eltern, dass sich eine Stigmatisierung durch das Etikett „Behinderung" oder Daten über die Förderung negativ auf den weiteren Lebensweg auswirken könnten. Dies könnte durch eine offizielle Aberkennung des Hilfebedarfs wenigstens vermindert werden. Ein einfacher Satz würde genügen: Die Voraussetzungen zur Inanspruchnahme früher Hilfen sind nicht mehr gegeben. Die Familie oder das Kind sind im Stande, sich selbst zu helfen.

Fragen zur Selbstevaluation 7:

a) Woran erkenne ich, dass Reflexion für mich förderlich ist?

b) Welche Strukturvoraussetzungen sind für mich aus persönlicher/institutioneller Sicht notwendig?

c) „Übergabeprozesse" bei Systemübertritten erfordern die Identifikation von Kooperierenden. Was kann ich beitragen, um auf ein stabiles Netzwerk von Kontakten mit weiteren betreuenden Stellen zurückgreifen zu können?

d) Über welche administrativen Möglichkeiten verfüge ich, um Übergänge zu strukturieren?

e) Welche Bedeutung hat für mich persönlich die Vor- und die Nachbereitung von Betreuungseinheiten? Woran erkennen dies die Eltern oder die Frühförderstelle?

f) In welchen Familien fällt mir der Abschluss leicht, in welchen schwer? Über welches Repertoire an Verhaltensmöglichkeiten verfüge ich, um berufliche Beziehungen abzuschließen?

g) Auf welche Unterstützungsstrukturen kann ich im Falle eines Abbruches der Frühförderung zurückgreifen?

h) Woran erkenne ich persönlich/institutionell, dass die Minimalvoraussetzungen der Arbeitsbasis nicht gegeben sind?

i) Welche persönlichen und institutionellen Verhaltensmöglichkeiten habe ich im Fall des Todes eines betreuten Kindes?

j) Woran merke ich selbst, dass ich mein betreutes Kind aus der Frühförderung „entlassen" habe?

Literatur

Badelt, Ch., Österle, A. (1993): Zur Lebenssituation behinderter Menschen in Österreich. WUV, Wien
Bailey, D. B. (1997): Evaluating the Effectiveness of Curriculum Alternatives for Infants and Preschoolers at High Risk. In: Guralnick, M. J. (Hrsg.): The Effectiveness of Early Intervention. Brookes, Baltimore, 227–248
Beuys, B. (1993): Eltern behinderter Kinder lernen neu leben. Rowohlt, Hamburg
Berufsgemeinschaft für Interdisziplinäre Frühförderung und Familienbegleitung (1998): Berufsbild der Interdisziplinären Frühförderung und Familienbegleitung. Eigenverlag, Graz
Berufsgemeinschaft für Interdisziplinäre Frühförderung und Familienbegleitung (1999): Die Berufssituation der FrühförderInnen in der Steiermark. IFF Infos, 4
Blank, R. (1990): Diätische Maßnahmen bei hyperaktiven Kindern. Frühförderung interdisziplinär, 9, 171–177
Blair, C., Ramey, C. T. (1997): Early Intervention for Low-Birth-Weight Infants and the Path to Second-Generation Research. In: Guralnick, M. J. (Hrsg.): The Effectiveness of Early Intervention. Brookes, Baltimore, 77–97
Bluma, S., Shearer, M., Frohman, A., Hilliard, J. (1976): Portage Guide to Early Intervention. Portage Project, Portage, Wisconsin
Boavida, J., Espe-Sherwindt, M., Borges, L. (1998): Community based early intervention. The Coimbra Project. Child, care and development
Böhm, I. (1992): Gemeinsame Kräfte entdecken. Empowerment in der Frühförderung. Frühförderung interdisziplinär, 11, 170–178
Bronfenbrenner, U. (1981): Die Ökologie der menschlichen Entwicklung. Natürliche und geplante Experimente. Klett-Cotta, Stuttgart
Buber, M. (1997): Ich und Du. 13. Aufl. Lambert Schneider. Heidelberg

Canning, C. D. (1995): Aus eigener Erfahrung als Eltern. In: Pueschel S. (Hrsg.): Down-Syndrom. Für eine bessere Zukunft. Thieme, Stuttgart, 12–16
Capra, F. (1991): Wendezeit. Bausteine für ein neues Menschenbild. dtv, München
Carpenter, B. (1997): Early Intervention and Identification of Young Children at Risk. Working as a team with and through the family. Children and Society, 11
– (1999): Persönl. Mitteilung im Rahmen der Eurlyaid Arbeitstage, September 23-26th, 1999, Coimbra
–, Herbert, E. (1994): The peripheral parent: research issues and reflection on the role of the fathers in early intervention. PMLD Link (Summer), 19
Carr, J. (1978): Down-Syndrom in der frühen Kindheit: Entwicklung, Erziehung und Familiensituation. Reinhardt, München
CESA (1995): Growing Birth to three training: agent of change. Portage People Newsletter 5, 1
Champion, P. (1999). Die Begleitung sehr früh geborener Kinder von der Intensivstation durch das erste Lebensjahr. In: Kühl, J. (Hrsg.): Autonomie und Dialog – kleine Kinder in der Frühförderung. Reinhardt, München, 87–96

Dirnberger, R. (1995): Vertragscheckliste – Änderungsvertrag. Transaktionsanalytische Psychotherapie, 1, 27–31
– (1999): Transaktionsanalyse (Skriptum im Rahmen des Österreichischen Arbeitskreises für Gruppentherapie und Gruppendynamik), Graz
Döpfner, M. (1995): Hyperkinetische Störungen. In: Petermann F. (Hrsg.): Lehrbuch der klinischen Kinderpsychologie. Hogrefe, Göttingen, 165–219
–, Sattel, H. (1992): Verhaltenstherapeutische Interventionen bei hyperkinetischen Störungen im Vorschulalter. Zeitschrift für Kinder- und Jugendpsychiatrie, 19, 254–262
Dunst, C. J., Snyder, S. W., Mankinen, M. (1989): Efficiency of early intervention. In: Wang, M. C., Reynolds, M. C., Walberg (Hrsg.): Handbook of special education. Vol 3. Pergamon, Oxford, 259–294
Dunst, C. J., Trivette, C. M., Jodry, W. (1997): Influences of Social Support on Children with Dissabilities and Their Families. In: Guralnick, M. (Hrsg.): The Effectiveness of Early Intervention. Brokes, Baltimore, 499–523
Dyregrov, A. (1998): Grief in young children. Information and guidance for parents. Klartekst, Svartskog

Eurlyaid (Hrsg.) (1997): Meeting of the working party Eurlyaid Cannaro, 9.–12.10. 1997. (Arbeitspapier)
– (1996): Manifesto. Unpublished paper of the European EURLYAID-Group.
– (1999): Arbeitstreffen der Eurlyaid-Gruppe, September, 23-26th, 1999, Coimbra, Portugal

Finger, G. (1992): Familien mit behinderten Kindern im Spannungsfeld zwischen Besonderheit und Normalität. In: Finger, G., Steinebach, Ch. (Hrsg.): Frühförderung. Zwischen passionierter Praxis und hilfloser Theorie, 77–98. Lambertus, Freiburg/Br
Fisseni, H. J. (1990): Lehrbuch der psychologischen Diagnostik. Hogrefe, Göttingen
Fröhlich, A. (2000): „König, Bürger, Bettelmann": Schwerste Behinderung – Paradigmenwechsel. Vortrag gehalten am 2.6.2000 im Rahmen des Heilpädagogischen Kongresses in Feldkirch, Österreich.

Goleman, D. (1999): Emotionale Intelligenz. 11. Aufl. dtv, München
Goll, H. (1996): Transdisziplinarität. Realität in der Praxis, Vision in der Forschung und Lehre – oder nur ein neuer Begriff? In: Opp, G., Freytag, A., Budnik, I. (Hrsg.): Heilpädagogik in der Wendezeit. Brüche, Kontinuitäten, Perspektiven. SZH/SPC, Luzern
Greenough, W. T., Black, J. E. (1992): Induction of brain structure by experience: Substrates for cognitive development. In: Gunnar, M. R., Nelson, C. A. (Hrsg.): The Minnesota symposia on child psychology. Vol. 24. Erlbaum, Hillsdale, 155–200
Grond, J. (1995): Verletzungen. Zur Sozialisierung des Sozialen. Z-Verlag, Zizers
Guralnick, M. (1997). The effectiveness of Early Intervention. Brookes, Baltimore

Hand in Hand, Elternvereinigung (Hrsg.) (1997): Ein Film über Kinder mit Down-Syndrom von heute. Leoben, Österreich
Harris, S. R. (1997): The Effectiveness of Early Intervention for Children with Cerebral Palsy and Related Motor Disabilities. In: Guralnick, M. J. (Hrsg.): The Effectiveness of Early Intervention. Brookes, Baltimore, 327–347
Hegner, F. (1986): Sozialarbeit im Spannungsfeld zwischen Selbsthilfe und Sozialstaat. In: Oppl, H., Tomaschek, A. (Hrsg.): Soziale Arbeit 2000. Bd 2: Modernisierungskrise und soziale Dienste. Lambertus, Freiburg, 151–172
Heiner, M. (1988): Von der forschungsorientierten zur praxisorientierten Selbstevaluation. Entwurf eines Konzeptes. In: Heiner, M. (Hrsg.): Selbstevaluation in der sozialen Arbeit.

Fallbeispiele zur Dokumentation und Reflexion beruflichen Handelns, Lambertus, Freiburg, 7–40

Holthaus, H. (1983): Brief einer Mutter. In: Speck, O., Warnke, A. (Hrsg.): Frühförderung mit den Eltern. Reinhardt, München, 21–24

Hovorka, H. (1994): Sammlung ausgewählter Aufsätze und Definitionsversuche zu den Themenkreisen Behinderung, Normalisierung, Integration, Integrationspädagogik, gemeinwesenorientiertes Wohnen, Öffentlichkeitsarbeit (Reader in Kopie)

Jaehne, M., Malzan, S., Neuhäuser, G. (1995): Frühförderung aus der Sicht der Eltern und kindliche Entwicklung. Frühförderung interdisziplinär, 14, 11–17

Jantsch, E. (1986). Die Selbstorganisation des Universums. Vom Urknall zum menschlichen Geist. 3. Aufl. dtv, München

Jetter, K. (1999): Diagnostik in der Frühförderung. In: Wilken, E. (Hrsg.): Frühförderung von Kindern mit Behinderung. Eine Einführung in Theorie und Praxis. Kohlhammer, Stuttgart, 69–81

Karoly, L. A., Greenwood, P. W., Everingham, S. S. et al. (1998): Investing in our children. Rand, Santa Monica

Kautter, H., Klein, G., Laupheimer, W., Wiegand, H. S. (Hrsg.) (1992): Das Kind als Akteur seiner Entwicklung. 2. Aufl. Schindele, Heidelberg

Kübi, E. E. (1988): Veränderte Begriffsbildung und Begründung eines integrationspädagogischen Verständnis. In: Eberweiß, H. (Hrsg.): Behinderte und Nichtbehinderte lernen gemeinsam. Weinheim, 54–62

Kühl, J. (1999): Junge Kinder in der Frühförderung – Entwicklung zwischen Beeinträchtigung und Autonomie. In: Kühl, J. (Hrsg): Autonomie und Dialog – kleine Kinder in der Frühförderung. Reinhardt, München, 11–19

Kurz, R., Mosler, K., Höfler, G., Pretis, M. (1997): Das holistische Prinzip in der Frühförderung. Pädiatrie und Pädologie, 32, 225–230

Langbein, K., Martin, H. P., Sichrovsky, P., Weiss, H. (1983): Bittere Pillen. Nutzen und Risiken der Arzneimittel. Ein kritischer Ratgeber. Kiepenheuer & Witsch, Köln

Lanners, R., Mombaerts, D. (2000) Evaluation of Parents' Satisfaction with Early Intervention Services within and among European Countries: Construction and Application of a New Parent Satisfaction Scale. Infants and young children, 12:3, 61–70

Lazarus, R. S., Folkman, S. (1984): Stress, apraisal and coping. Springer, New York

Lohaus, A. (1989): Datenerhebung in der Entwicklungspsychologie. Problemstellungen und Forschungsperspektiven. Huber, Bern

Maslow, A. H. (1968): Toward a psychology of being. Van Nostrand, New York

Maturana, H., Varela F. (1992): Der Baum der Erkenntnis. Die biologischen Wurzeln des menschlichen Erkennens. 4. Aufl. Scherz, Bern

McLean, K. L., Woods Cripe, J. (1997): The Effectiveness of Early Intervention for Children with Communication Disorders. In: Guralnick, M. J. (Hrsg.): The Effectiveness of Early Intervention. Brookes, Baltimore, 349–428

Neuhäuser, G. (1998): Zur Wirksamkeit von Therapiekonzepten – Behandlungsmöglichkeiten bei Down-Syndrom. In: Wilken, E. (Hrsg.): Neue Perspektiven für Menschen mit Down-Syndrom. Rückersdorf

Nüssle, W. (1999): Qualitätsbeauftragte – Motor und Mentor der Qualitätsentwicklung. In: Peterander, F., Speck, O., (Hrsg.): Qualitätsmanagement in sozialen Einrichtungen. Reinhardt, München, 106–118

Oerter, R. (1999): Psychologie des Spiels. Ein handlungstheoretischer Ansatz. Durchges. Neuaufl. Beltz, Weinheim

Peterander, F. (1995): Verarbeitung der Informationsvielfalt – Perspektiven einer Weiterentwicklung der Frühförderung (Aufsatz in Kopie vom Autor)
– (1996a): Neue Fragen zu einem alten Thema: Überlegungen zur Qualitätsentwicklung in der Frühförderung. In: Opp, G., Freytag, A., Budnik I. (Hrsg.): Heilpädagogik in der Wendezeit. Brüche, Kontinuitäten, Perspektiven. SZH/SPC, Zürich
– (Hrsg.)(1996b): Helios II final report. Early Intervention. Information, Orientation and Guidance of Families. Thematic Group 1. Universität München, München
– (1997). Wege zu einem qualitätvollen Handeln in der Frühförderung. Vortrag gehalten am 20.10.1997 auf der Frühfördertagung „Professionalität in der Frühförderung" der Österreichischen Gesellschaft „Rettet das Kind" in Eisenstadt, Burgenland
– (1999): Qualitätsentwicklung in sozialen Einrichtungen durch neue Technologien. In: Peterander, F., Speck, O. (Hrsg.): Qualitätsmanagement in sozialen Einrichtungen. Reinhardt, München, 119–133
–, Speck, O. (1995): Familienbezogenheit und Kooperation von Müttern blinder und sehbehinderter Kinder in der Frühförderung. blind - sehbehindert, 3, 147–153
Petermann, F., Kusch, M., Niebank, K. (1998): Entwicklungspsychopathologie. Ein Lehrbuch. Beltz, Weinheim
Piaget, J. (1980): Das Weltbild des Kindes. Klett, Stuttgart
Pieterse, M., Cairns, S., Treloar, R. (1989): Das Macquarie-Programm für Kinder mit Entwicklungsrückstand. Erarbeitet innerhalb des Down's Syndrome Program der Macquaire University Sidney. (Herausgabe in Zusammenarbeit mit der European Down Syndrome Association). Geschäftsstelle Schweiz der EDSA
Popper, K. R. (1974): Objektive Erkenntnis. Ein evolutionärer Entwurf. 2. Aufl. Hoffmann und Campe, Hamburg
Praschak, W. (1999): Frühförderung schwerst geschädigter Säuglinge und Kleinkinder. In: Wilken, E. (Hrsg.): Frühförderung von Kindern mit Behinderung. Eine Einführung in Theorie und Praxis. Kohlhammer, Stuttgart, 82–99
Pretis, M. (1997): Wenn sich Visionen an der Realität messen. Fremd- und Selbstevaluation in der Sehfrühförderung blinder und sehgeschädigter Kinder. Frühförderung interdisziplinär, 16, 15–23
– (1998a): Das Konzept der Partnerschaftlichkeit in der Frühförderung. Vom Haltungsmodell zum Handlungsmodell. Frühförderung interdisziplinär, 17, 11–17
– (1998b): Evaluation interdisziplinärer Frühförderung und Familienbegleitung bei Kindern mit Down-Syndrom. Bedingungs- und Wirkfaktoren, kovariierende Variablen. Frühförderung interdisziplinär, 17, 49–64
– (1999a): Zwischen Lust und Frust: Erlebter Therapiedruck in der Frühförderung. Frühförderung interdisziplinär, 18, 109–116
– (1999b): Krisenintervention in der Interdisziplinären Frühförderung und Familienbegleitung. Frühförderung interdisziplinär, 18, 145–155
– (2000a):Frühförderung in Österreich. Studie des Sozial- und Heilpädagogischen Förderungsinstitutes Steiermark, Studie durchgeführt vom Sozial- und Heilpädagogischen Förderungsinstitut Steiermark, Graz
– (2000b): Frühförderung als Entwicklungschance. In: Hovorka, H., Sigot, M. (Hrsg.): Integration(spädagogik) am Prüfstand. Behinderte Menschen außerhalb von Schule. Studienverlag, Innsbruck, 113–128
– (2000c): Early intervention in Children with Down´s Syndrome: From evaluation to Methodology. Infants and Young children, 12:3, 23–31

–, Mosler, K., Kurz, R. (1998): Das Modell Steiermark der interdisziplinären Frühförderung und Familienbegleitung. Frühförderung interdisziplinär, 17, 177–183

Quaschner, K. (1990): Die psychotherapeutische Behandlung und spezifische erzieherische Förderung von Vorschulkindern mit Hyperkinetischem Syndrom. Frühförderung interdisziplinär, 9, 162–170

Saint-Exupéry, A. (1988): Der Kleine Prinz. 43. Aufl. Rauch, Düsseldorf
Sarimski, K. (1989). Neue Entwicklungen und Schwerpunkte psychologischer Praxis in Diagnostik und Therapie. In: Speck, O., Thurmair, M. (Hrsg.): Fortschritte der Frühförderung entwicklungsgefährdeter Kinder. Reinhardt, München, 50–70
Satir, V. (1992): Kommunikation, Selbstwert, Kongruenz. Konzepte und Perspektiven familientherapeutischer Praxis. Junfermann, Paderborn
Sax, H., Hainzl, C. (1999): Die verfassungsrechtliche Umsetzung der UN-Kinderrechtskonvention in Österreich. Österreichische Staatsdruckerei, Wien
Schallerl, E. (1996): Mit einem feministischen Blick in die Sehfrühförderung. Vision, 2/96
Scheer, R. (1998). Vortrag im Rahmen der Mobilen Beratungsdienste der Bundessozialämter Österreichs. Murau, Österreich
Schiepek, G. (1991): Systemtheorie der Klinischen Psychologie. Beiträge zu ausgewählten Problemstellungen. Vieweg, Braunschweig
Schuchardt, E. (1980): Soziale Integration Behinderter. Bd 1: Biographische Erfahrungen und wissenschaftliche Theorie. Bd 2: Weiterbildung als Krisenverarbeitung. Braunschweig
Schulz v. Thun, F. (1992): Miteinander reden. Bd 1+2. Rororo, Reinbek/Hamburg
Sheehan, R., Snyder, S., Sheehan, H. (1996): Frühförderung zu Beginn des 21. Jahrhunderts. Was ist zu erwarten? In: Peterander, F., Speck, O. (Hrsg.): Frühförderung in Europa. Reinhardt, München, 158–171
SHFI (1998): Frühförderung bei Kleinkindern mit Aufmerksamkeits- und Impulskontrollstörungen. Ein Forschungsprojekt des Sozial- und Heilpädagogischen Förderungsinstitutes Steiermark. Blümelhofweg 12a, 8044 Graz, Österreich (Projektdesign auf Anfrage)
Shonkoff, J. P., Hauser-Cram, P., Wyngaarden-Krauss, M., Christoph-Upshur, C. (1992): Development of infants with disabilities and their families, implication for theory and service delivery. Monographs of the Society for Research in Child Development 57
Solomon, M. A. (1984): Das nächste Jahrzehnt in der Evaluierungsforschung. In: Hellstern, G. M., Wollmann, H. (Hrsg.): Handbuch zur Evaluierungsforschung, Bd. 1, 134–150. Westdeutscher Verlag, Opladen
Sonneck, G. (Hrsg.) (1991): Krisenintervention und Suizidverhütung. Ein Leitfaden für den Umgang mit Menschen in Krisen. 2. Aufl. Facultas, Wien
Speck, O. (1983): Das gewandelte Verhältnis zwischen Eltern und Fachleuten in der Frühförderung. In: Speck, O., Warnke, A. (Hrsg.): Frühförderung mit den Eltern. Reinhardt, München 13–20
– (1999): Die Ökonomisierung des Sozialen. Reinhardt, München
–, Peterander, F. (1994): Elternbildung, Autonomie und Kooperation in der Frühförderung. Frühförderung interdisziplinär, 13, 108–120
Spiegel, H. v. (1993): Aus Erfahrung lernen. Qualifizierung durch Selbstevaluation. Votum, Münster
– (1994): Selbstevaluation als Mittel beruflicher Qualifizierung. In: Heiner, M. (Hrsg.): Selbstevaluation als Qualifizierung in der Sozialen Arbeit. Fallstudien aus der Praxis. Lambertus, Freiburg/Br., 11–56
Spiess, W. (1992): „Systemische Diagnostik" in der Heilpädagogik: methodische Leerformel oder logische Konsequenz des „systemischen Ansatzes"? Sonderpädagogik, 22;4, 188–199

Spiker, D., Hopman, M. R. (1997): The Effectiveness of Early Intervention for Children with Down Syndrome. In: Guralnick M. J. (Hrsg.): The Effectiveness of Early Intervention. Brookes, Baltimore. 271–306

Straßmeier W. (1981): Frühförderung konkret. 260 lebenspraktische Übungen für entwicklungsverzögerte und behinderte Kinder. Reinhardt, München

Strothmann, M., Zeschitz, M. (1983): Grenzen elterlicher Kooperation in der Frühförderung. Eine Analyse der Rahmenbedingungen von Abbrüchen der Mitarbeit innerhalb eines Modellversuches zur Frühförderung. In: Speck, O., Warnke, A. (Hrsg.): Frühförderung mit den Eltern, Reinhardt, München, 85–115

Warnke, A. (1983): Kritische Nebenwirkungen der Zusammenarbeit mit den Eltern. In: Speck, O., Warnke A.(Hrsg.): Frühförderung mit den Eltern. Reinhardt, München 60–84

Watzlawick, P. (1995): Wie wirklich ist die Wirklichkeit? Wahn – Täuschung – Verstehen. 20. Aufl. Piper, München

– (Hrsg.) (1984): Die erfundene Wirklichkeit. Wie wissen wir, was wir zu wissen glauben. Beiträge zum Konstruktivismus. 2. Aufl. Piper, München

–, Beavin, J. H., Jackson, D. D. (1985): Menschliche Kommunikation. Formen, Störungen, Paradoxien. 7. Aufl. Huber, Bern

Weiß, H. (1995): Bedingungs- und Wirkungszusammenhänge in der Frühförderung. Stand, Bedeutung und (Methoden)Probleme der Evaluationsforschung im Bereich „früher Hilfen" unter besonderer Berücksichtigung körperbehinderter Kinder. Frühförderung interdisziplinär, 14, 59–71

– (1992): Das Verhältnis von Prävention zur Frühförderung. Frühförderung interdisziplinär, 11, 1–11

– (1992a) Annäherungen an den Empowerment-Ansatz als handlungsorientiertes Modell der Frühförderung. Frühförderung interdisziplinär, 11, 157–169

– (1993): Kontinuität und Wandel in der Frühförderung. Zu Erfahrungen und Perspektiven der „frühen Hilfen". Frühförderung interdisziplinär, 12, 21–36

Westhoff, G. (1993): Handbuch psychosozialer Meßinstrumente. Ein Kompendium für epidemiologische und klinische Forschung zu chronischer Krankheit. Hogrefe, Göttingen

Wiegand, H. S.(1992): Piagets Entwicklungsbegriff und seine pädagogischen Konsequenzen – Sechs Thesen zur Frühförderung. In: Kautter, H., Klein, G., Laupheimer, W., Wiegand, H. S. (1992): Das Kind als Akteur seiner Entwicklung. Idee und Praxis der Selbstgestaltung in der Frühförderung entwicklungsverzögerter und entwicklungsgefährdeter Kinder. 2. Aufl. Schindele, Heidelberg, 143–180

Wilken, E. (1999): Therapie in der Frühförderung. In: Wilken, E. (Hrsg.): Frühförderung von Kindern mit Behinderung. Eine Einführung in Theorie und Praxis. Kohlhammer, Stuttgart, 100–114

Wishart, J. G. (1993): The development of learning difficulties in children with Down's syndrome. Journal of Intellectual Disability Research, 37, 389–403

Wolke, D., von Recum, S. (1996): Der Einfluss mütterlicher Depressionen auf die Entwicklung von Kindern: Ergebnisse einer prospektiven Langzeitstudie. In: Mandl, H. (Hrsg): Kongress der deutschen Gesellschaft für Psychologie. Konpro-disk. Institut für Psychologie, München

Zimbardo, P. G. (1983): Psychologie. 4. neubearb. Aufl. Springer, Berlin

Sachregister

Ablaufdiagramm 24, 35, 47
Abschluss 36, 121, 129–137
Abbruch 129, 131, 132–134
Angstfreiheit 46, 55
Arbeitsbasis 35, 50, 91
Arbeitsbeziehung 36, 49
Auftrag 50, 63f, 131, 134
Autonomie 8, 21, 69, 78–82, 128
Bedeutsamkeit 34, 41, 43, 46, 78
Bedürfnis 21, 23, 79f, 99f, 132
Beeinträchtigung 27
Begleitung 29
Behinderung
– als besonderer Daseinszustand 19, 57, 129
– als Kommunikationsanlass 55, 57
Beobachtung 73, 77
Beziehungsarbeit 58–63
Beziehungsaufbau 54–64
Beziehungsfalle 59f, 64
Burnout 104
Contracting 78, 90f
Defizitmodell 18, 83
Dokumentation 23, 43, 49, 119
Down Syndrom 62, 102, 110f
Eigenaktivität 24, 108
Elternarbeit 51, 71, 74, 111f
Entlastung 8
Entwicklungsrisiko 16, 88
Entwicklungsförderung 17, 74, 110
Ergebnis 14, 41f, 52, 63f, 118f, 128f
Erstgespräch 43–54
Erstkontakt 39–43
Ethik 22, 25–27, 35
Evaluation 7–14
–, Fremd- 10, 36, 67, 89, 123
–, Selbst- 13f, 15, 28, 36, 38, 65, 67, 88f, 93, 119f, 122, 137
Expertenmodell 31, 112
Fallsupervision 73, 105
Förderdiagnostik 61–83
Förderdruck 96, 100
Förderziele 36, 51–53, 68, 128
Freiwilligkeit 55
Frühförderung
–, Berufsbild 17, 132
–, Definition 16f
–, Prozess 42f, 94–120
Ganzheitlichkeit 96

Geschwister 114f
Grenzen (der Partnerschaftlichkeit) 30f
Handeln 22, 35, 74, 85f, 101
Handlungsbogen 41, 107, 119
Handlungsebene 19, 67
Hyperaktivität 116–118, 123f
Hypothese 67
Individualität 62, 70, 78, 110
Interaktion 88–90, 113
Interpretation 80
Kommunikation 10, 14
– als Strukturmodell 35
–, offene 35, 37
Kommunikationstechnik 39, 59f
Konsument 12, 30
Konstruktionsprozess 19, 85
Kotherapeutenmodell 31, 112
Krise 30, 37, 113
Krisenintervention 113f
Lebensqualität 8, 27, 69
Leitbild 9f
Manipulation 35, 50
Management 11f
Menschenbild 12, 14, 19, 26, 56, 85
Metakommunikation 107
Migranten 32, 57
Minitheorie 23, 25, 68
Minimalvorasussetzungen 33f
Motivation 62f, 99f
Multidimensionalität 19, 23
Multiproblemfamilie 31, 34
Mythen (des sozialen Managements) 11f
Negotiationsmodell 31, 112
Niederschwelligkeit 54
Norm 69f, 82f
Normalisierung 58, 97, 130
Objektivität 9
Ökonomisierung 10, 13
Operationalisierbarkeit 11
Pädagogik der Frühförderung 13, 18, 19, 21f
Partnerschaftlichkeit 29–38, 90
Prävention 53
Prozessbedingungen 14, 41, 47–52, 60–63, 74–90, 105–118, 125–128
Prozesswissen 34, 50, 131
Qualitätsmanagement 7–14
Rahmenbedingungen 33

Reflexion 14, 71, 79, 90, 121–129
Rekonstruktionsdiagnostik 85–88
Reparaturmodell 18
Respekt 33f, 44, 115
Ressource 11, 14, 27, 45, 137
Ritual 61, 63, 68, 110f, 125
Rolle 29f, 63, 128
Rückkoppelung 14, 35
Schutzfaktor 95
Selbstgestaltung 24f, 32, 101
Selbstorganisation 24, 103
Selbstverständlichkeit 39, 46, 49
Selbstwert 38
Sinn 13, 17, 19, 25, 27f, 73, 76, 83, 86
Solidarität 22, 27
Sprachförderung 101
Statusdiagnostik 82–85
Stereotypie 70
Stress 39, 111
Strukturbedingungen 14, 40f, 46f, 58–60, 71–73, 103–105, 122–125, 129–132
Strukturmodell 36
Systemübertritt 70, 112, 130
Team 45, 50, 59, 105, 108
Test 72, 77, 83
Tod 134f
Transdisziplinarität 44, 73, 115f
Transparenz 14, 23, 34, 50
Trauer 134
Überweisungskontext 47
Überlebensstrategie 50, 59, 114
Umwelt (natürliche) 72
Unterstützung 104–106
Verantwortung 30, 34, 56f, 62, 97
Verhalten 79–81, 100
Vertrauen 24, 37, 62, 94
Vorbereitung 68, 122f, 125, 129
Vorhersehbarkeit 58, 94, 99
Vorinformation 49
Wahrnehmung 44f
Wirksamkeit 24, 51f, 103
Wohlbefinden 78–82
Zeitrahmen 40, 129
Zielerreichung 20
Zielorientierung 69
Zufriedenheit 126
Zurücknahme 87